AF235613

Thomas Stern

# SEI EINFACH
...
# AM BESTEN JETZT

**Reise zum Potenzial des Selbst**

**Teil III**

## Impressum

Bibliografische Information der Deutschen Nationalbibliothek:
Die Deutsche Nationalbibliothek verzeichnet diese Publikation
in der Deutschen Nationalbibliografie; detaillierte
bibliografische Daten sind im Internet über http://dnb.dnb.de
abrufbar.

Herstellung und Verlag:

BoD – Books on Demand, Norderstedt

ISBN: 9783756230099

# Inhaltsverzeichnis

## 1. Einleitung

Sei wie ein Baby, ein Kleinkind. Es erlebt das Leben, ohne es zu bewerten, ohne es zu etikettieren, ohne zu urteilen. Es kennt kein gut oder schlecht, kein lieb und böse, kein warm oder kalt, kein oben und unten.

Es erlebt ganz einfach das, was ist. Es weiß noch nicht einmal, dass es in dem kleinen Körper steckt. Es erlebt jeden Moment aufs Neue.

Sei wie ein Baby, ein Kleinkind und du bist frei von allem was du im Laufe (d)eines bisherigen Er-Lebens angehäuft hast.

Jahre, Jahrzehnte haben dein Umfeld und schließlich du selbst dafür gesorgt, dass du dich für dieses Staubkorn im Universum, Mensch genannt, hältst. Dabei bist du das Universum selbst, welches sich in diesem Staubkorn verloren hat, vergessen hat, wo es herkam und was es ist.

Einem Baby ist das noch bewusst, es ist frei von allem, was eine persönliche Identität bekunden könnte. Es ist. Nicht mehr und nicht weniger. Drum sei wie ein Baby, sprenge das Staubkorn und sei wieder das Universum, ohne zu wissen, dass du es bist. Das ist die absolute Freiheit, die keine Definition braucht und noch weniger ein Konzept. DU bist!
Das ist alles...

Oder wie Mooji es so schön sagte:

*"Sorge dich um nichts. Sei wie ein Kind im Schoß Gottes. Es bedarf weder der Überwachung der Gedanken, noch einer Einwanderungsbehörde für Gefühle. Du kannst dich entspannen. Ja, entspann dich."*

Hallo liebe Leserin, lieber Leser,
wenn dir bei obigen Zeilen warm ums Herz geworden ist und sich ein Schleier des Wohlbefindens dich zu umgeben scheint, dann hast du mit diesem Buch einen deinem Leben weitreichend verändernden Griff getan und das mit nach-haltiger Wirkung.

Obige Zeilen könnten das Konzentrat dieses Buches sein, die Essenz, worauf es dich hinweisen möchte, ich dich hinweisen möchte.

Du hast dieses Buch nicht grundlos gekauft, denn du bist mit deinem Leben, wie es ist, noch nicht zufrieden, nicht im Frieden. Immer wieder nagen Sorgen, Ängste, Probleme und Umstände, sowie Ereignisse an deinem Wohlbefinden.

Nun, dann lass dir sagen, es gibt einen Ausweg daraus mit nachhaltig dauerhafter Wirkung, so du es tatsächlich möchtest, es wirklich für dich willst.

Jedoch werde ich dir keine Anweisungen, Übungen, Disziplinen oder dergleichen für ein bequemeres Leben geben können. Was ich indes kann, ist, dir aufzuzeigen, was du alles nicht bist und wie du durch stille Beobachtung des Geistes, des Verstandes zur Ruhe gelangen kannst. Zu wahrhaft innerem Frieden und damit einhergehend zu einer fast schon überwältigenden Lebensqualität, von der du nicht einmal zu träumen wagtest, einfach, weil du es nicht für möglich gehalten hast, dass es so sein könnte. Das Leben so einfach und schön sein kann, so unbeschwert und frei von Sorgen und Ängsten. Ein Leben, in dem sich scheinbare Probleme wie von selbst lösen.

Wenn du bereit bist loszulassen von allem, was dir nicht guttut, letztlich von jeglicher Bindung, Anhaftung und Identifikation, auch oder gerade von Konzepten, ja dann erwartet dich ein einfaches Sein so wie du bist.

SEI einfach…. am besten JETZT!

Du kannst es erreichen, jeder kann das. Und das ist keine Plattitüde, sondern ein Versprechen, dass ich mehr als nur gerne einlöse für dich.

Thomas Stern


* * *

## 2. (M)eine Vorgeschichte

Schon während der späten Kindheit/Schulzeit tauchte immer wieder die Frage auf, was dieses Mysterium Leben ist und dass es nicht nur sein kann, die Schule zu absolvieren, Ausbildung, Studium, bis zur Rente/Pensionierung arbeiten, um dann sozusagen von der Bühne des Lebens abzutreten.

Die Frage ließ ich lange unbeachtet, wenngleich sie als eine Art Gefühl ständig da war, mir im Nacken saß sozusagen. Es wurde durch den frühen Tod meiner Mutter (mit 32, ich war damals 13) dahingehend verstärkt, dass ich danach den schulischen Anforderungen nicht mehr gerecht werden wollte.
Mit 17 wurde ich ausgezogen und in eine 1 1/2 Zimmerwohnung gesteckt. Dort begab es sich, dass unter mir ein junger Mann wohnte, der sich mit Buddhismus beschäftigte und so erhielt ich erste Einblicke/Berührungen mit der Spiritualität des Lebens. Und da war nicht mehr nur die Frage, wie oben gestellt, sondern sie bekam eine Art Eigenleben, Eigendynamik, die mich selbst weiter erkunden ließ, was es denn noch so gäbe, was mich aus dem Routineablauf eines bürgerlichen Lebens holen sollte.

Mit gieriger Begeisterung verschlang ich regelrecht so einiges an Literatur aus den Bereichen Religionen der Welt über Wissenschaften, Paranormalem, Engelwelten bis zur breiten Spanne der Esoterik. Es waren wohl an die 400 Bücher innerhalb weniger Jahre. Doch es war immer noch nicht das, wonach "ES" suchte, also blieb dieser Schalk im Nacken weiterhin, um mich auf seine Weise zu erinnern weiterzumachen.

Beruflich treib es mich durch zahlreiche Bereiche. Ausbildung Elektroinstallateur, diverse Handwerkstätigkeiten wie z.B. Diskothekenausbau, Parkettschleifen, Paketfahrer, Auto-Kurier, Gartenarbeiter, Gastronomie (Service und Tresen) teilweise auch Geschäftsführung. Dem schließen sich diverse Selbständigkeiten an: Vertrieb von Telekommunikationsgeräten, Computervertrieb, Vertrieb von Entspannungsmusik (Nightingale Records, Mystery Music), eBay-Verkaufsagent.

Während all dieser Tätigkeiten stellte sich immer wieder die Frage, was das Ganze soll, da muss es doch mehr geben. So kombinierte ich Vertrieb und Philosophie, was oft zur Freude meiner Kunden-Innen gereichte und zu anregenden Gesprächen führte.

Um es kurz zu halten, über Religionen, Wissenschaften, Paranormalen, Astralebenen und Engelwelten kam ich nicht wirklich weiter. Es war immer nur ein sich selbst etwas vormachen, sich Illusionen hingeben, wie es sein könnte, wenn z.B. Begleitengel einen umgeben oder sinistere Geister ihr Unwesen trieben. Nichts davon konnte im praktischen Leben, Erleben wirkungsvoll angewandt oder eingesetzt werden. Ergo befand ich mich im großen Teich derer, die traumtänzelnd durchs Leben gehen und weiterhin mit Sorgen, Ängsten und Problemen zu kämpfen hatten.

Erst durch die Berührung mit Advaita, der Non-Dualität, stellte sich so etwas wie Erleichterung ein, ein Aufatmen, endlich erkannt zu haben, was mich all die Jahre/Jahrzehnte antrieb. Es war schlichtweg die Unwissenheit. Ja, Unwissenheit trieb mich zum Wissen.

Seitdem ist Ruhe im Nacken und ich kann das Schiff mit Routenplan entspannt gen Horizont (dem Erwachen) steuern.

So gut wie keine Sorgen oder Ängste plagen mich. Hoffnungen, Sehnsüchte und Wünsche haben sich in Wohlgefallen aufgelöst. Bedürfnisse sind auf ein beinahe existentielles Minimum reduziert, also Essen, Trinken, Kleidung, Schlafstatt und Obdach. Sicher steht hier noch ein TV-Gerät, wie auch der PC, doch scheinbare Bedürfnisse nach mehr, die einem der Verstand eintrichtern will, wurden als destruktiv erkannt für eine entspannt friedliche Lebensweise. Was früher für fast unmöglich gehalten wurde, eine Art

Eremitendasein, hat sich als Segen erwiesen. Doch keine Sorge, ich will sicher nicht den Rückzug in eine Höhle proklamieren oder eben ein Eremitendasein. Nein, es ist ein Resultat des Erkennens, was ist und was nicht ist. Was ich bin und was ich nicht bin.

Ein relativ Sorgenfreies Leben, ganz entspannt einfach nur zu Sein, ist tatsächlich für jeden möglich. Ganz entgegen diverser esoterischer Versprechungen, die Glück verheißen und Verdruss bringen. Warum das so ist, werde ich später noch erläutern. Zunächst folgt der Versuch das SEIN, das du selbst bist, zu beschreiben. Es wird und kann nur ein Versuch sein, da der menschliche Verstand außerstande ist, das SEIN zu erfassen. Auf dieser Grundlage folgen dann Fragen und Antworten aus Gesprächen und Foren, sowie spontan geschriebene kurze Texte.

Diese mögen bitte nicht mit dem Verstand gelesen werden, da er es nur konzeptionell erfassen will, um es zu (be-)werten, sein Urteil darüber abzugeben. Benutze stattdessen den Verstand, um Vorurteilsfrei darüber nachzudenken. Benutze ihn als Werkzeug und lass dich nicht zum Werkzeug von ihm machen.

Lese die Worte ganz einfach. Nur lesen und ins Herz dringen lassen, sie wirken lassen. Denn sie sind nicht für den Verstand geschrieben, sondern für das, was dahintersteckt, was hinter dem Schleier einer scheinbaren Person, einem Ich ist. Und das ist nichts weniger als das SEIN, dass du bist, ohne es zu wissen… noch jedenfalls… ;-)

* * *

## 3. Fingerzeig auf das Sein, das Absolute

Gott - das Sein - ist nicht das Höchste, da jedes Objekt eines Subjektes bedarf, welches das Objekt wahrnimmt. Das Sein befindet sich also immer noch in der Dualität. Die Non-Dualität, oder das Absolute, in der es keine Polaritäten gibt, weder Raum noch Zeit, entzieht sich jeglicher Vorstellungskraft des Verstandes. Von daher braucht es auch keinen Versuch geben, es zu beschreiben. Es scheint auch kein Zustand zu sein, da jeder Zustand per se begrenzt ist, was das Grenzenlose nicht beschreiben kann. Mach dich deswegen also nicht verrückt. Ich habe es versucht und musste jämmerlich daran scheitern. Was indes vorstellbar ist, ist, dass aus der Non-dualität, aus dem Absoluten das sogenannte Sein hervorgebracht wurde, was vielfach als Gott bezeichnet wird, jedoch in konzeptioneller Weise. Von daher spreche ich bevorzugt vom Sein.

Dieses Sein ist bereits eine Abspaltung vom Absoluten, worin sich auch der Geist befindet, der sich als Ego-Mind im menschlichen Verstand zeigt. Das Sein bewirkt alles, jede Handlung, jedes Sprechen oder Schreiben und der Geist beflügelt, kommentiert, wertet es und bedient sich zusätzlich der Täuschung, der Manipulation. Du, als das Absolute, siehst dich nicht mehr selbst, nimmst dich nicht mehr als das Absolute war, sondern durch den menschlichen Verstand, mit dem du dich identifiziert hast. Dieser Verstand, der vom Geist gesteuert wird, ist nicht das Problem, sondern du selbst, weil du dich mit ihm identifizierst. Du denkst, du bist der Mensch, diese Person, die vom Ego-Mind erzeugt wird, also die sogenannte Ich-Vorstellung. Ich bin dies und das und tue dies und das usw.

Durch die Wahrnehmung, dass der menschliche Körper sterben kann und es auch eines Tages wird, dass er Gefühle empfindet und Schmerz hast du Begrenzungen erfahren und dich darin verloren, indem du denkst, du seist dieser Mensch, diese Person, der all dies geschieht und geschehen kann. Dies könnte als Abnabelung vom Absoluten bezeichnet werden oder auch dem ersten Sündenfall, die Erbsünde aller Sünden.

Adam und Eva erlangten Erkenntnis. Erkenntnis über die Sterblichkeit und allem anderen. Was laut Bibel zum Rauswurf aus dem Paradies führte. Zu dumm nur, dass das Paradies ein Konzept ist, um die Sünder dazu zu bringen, sich ein Leben lang darum zu bemühen, wieder ins Paradies zu gelangen, indem sie sich an die von Menschen aufgelegten Gesetze halten und Buße tun. Menschen, die selbst nicht wussten wer sie tatsächlich waren und sind haben nach ihrem Verständnis von Gott diese Regeln aufgestellt und eine Religion aufgebaut, die darauf ausgerichtet ist, ihre Glaubensbrüder und Schwestern an sich zu binden. Aus Unwissenheit konnten und können sie auch nicht vermitteln, dass das Erwachen, die Rückkehr ins angebliche Paradies, augenblicklich möglich ist. Stattdessen predigen sie und dabei ist es egal, um welche Religion es sich handelt, dass der Mensch sich versündige und Buße zu tun habe, sich an die Gesetze der jeweiligen Religion zu halten habe und deren Anordnungen und Traditionen Folge zu leisten, da ihnen ansonsten der Zugang zum Paradies verwehrt sei, wenngleich Gottes Gnade unermesslich sein soll.

Indes ist eben dieser konzeptionelle Gott nicht in der Lage, jemandem Gnade zu gewähren, da er selbst ja der Gnade unterliegt, zum Absoluten zurückzukehren. Die Gnade wird also vom Absoluten erwiesen und sie wurde schon einigen zu Teil, die dann als Erwachte die Lehre vom Advaita, der Non-dualität, begründeten und weiterpflegten. Wobei es wichtig ist zu verstehen, dass es nicht mehrere Erwachte gibt oder Meister des Absoluten, sondern es sich stets um ein und dasselbe Absolute handelt, welches sich durch den jeweiligen Menschen ausdrückt, bzw. mitteilt. Des Menschen fehlerhafte Beziehung zum Absoluten besteht dahingehend meist darin, dass sie die Person sehen, nicht jedoch das Absolute, dass zu ihnen spricht oder mit ihnen ist in Stille. Einer Stille die spricht, wenn sie mit dem Herzen gehört werden kann.

Zusammenfassend sollte dir liebe Leserin, lieber Leser oder Suchende/Suchender klar sein, dass du nicht der Körper bist, nicht die Person, die vom Sein erzeugt wurde, wie auch der Geist, bzw. der Verstand der du nicht bist, sondern das, was dahinter ist. Du bist bereits das Absolute, ohne dich daran zu erinnern, ohne es realisiert zu haben. Daraus ist all dein Leid entstanden, dem du zu entkommen suchst. Den Frieden wirst du auch nicht im Paradies finden, da es sich nur um ein Konzept des Geistes handelt, um dich weiterhin in der Unwissenheit gefangen halten zu können. Unterschätze niemals den Geist, den Verstand, er hat Millionen Jahre Erfahrungen, denen du kein Paroli bieten kannst. Schon gar nicht mit dem Verstand, der ja ein Teil vom Geist ist. Würde der Geist sich selbst bekämpfen, sich selbst töten?

Dir bleiben zwei Möglichkeiten, entweder versuchst du so gut es geht in der Ich-Vorstellung zu leben oder du betreibst intensive Selbsterforschung, also der einzig bedeutsamen Frage nachgehen – WER bin ich? WER bin ich, wenn ich nicht mehr diese Person bin, der Mitarbeiter von Firma xy, die Frau von, usw. Wenn alles, was du nicht bist abfällt, was bleibt dann übrig, wenn du dann immer noch bist?

Im Folgenden wirst du schnell merken, wohin es dich führen wird. Sicher wird es primär für dich darum gehen, ein sorgenfreies Leben führen zu können. Doch wirst du auch immer wieder auf die Möglichkeit verwiesen, gänzlich alles abzulegen, dich von allen Anhaftungen zu befreien, um dich wieder als das Absolute wahrnehmen zu können. Sorge dich nicht, wenn es dir nicht in den nächsten drei Tagen gelingt, denn du hast absolut nichts unter Kontrolle. Denke immer daran, du bist nur der Beobachter, ein stiller Zeuge dessen, was und wie etwas geschieht. Versuche dich immer wieder von der Identifikation mit dem menschlichen Körper zu lösen, ob für eine Minute oder eine Woche, egal, Hauptsache du spürst und erlebst es, nimmst es wahr, dass du nicht dieser Körper bist, nicht sein kannst und in Folge dessen, dich all die angeblichen Probleme, Sorgen und Ängste auch nicht tangieren. Denn jedes Mal, wenn du dich für den Körper hältst, bist du in der Mausefalle und erlebst dich als begrenztes Wesen, das sich seine Ohnmacht eingestehen muss – Ohnmacht= ohne Macht.

Also, bist du breit?

\* \* \*

## 4. Das Paradoxon, dass du bist

Du bist es und du bist es nicht. Dieses Paradoxon kann schwerlich verstanden werden, weil du dich dann aufspalten müsstest, wenn du es intellektuell erfassen wollen würdest. Du kannst und wirst es erleben, wenn du ganz gegenwärtig im Jetzt bist. Du siehst und erlebst dich und gleichzeitig spürst du auch, dass du nicht der Körper bist, nicht die Gedanken, du sie nur beobachtest, wie du den Körper beobachtest bei dem was er tut oder ob er gerade liegt, steht, sitzt, was auch immer.

Es könnte eine Art Aha-Effekt sein. Es wird begleitet von einer Leichtigkeit, die nichts mit einem Schwebezustand zu tun hat, sondern die Leichtigkeit des Seins selbst ist.

Vielleicht wirst du es noch nicht ganz erfassen können, doch du näherst dich dem. Du spürst es unmittelbar, weil es sich gänzlich anders anfühlt, wie alles andere, was du jemals gefühlt hast. Auch hat es nichts mit Trance zu tun oder sonstigen Rauschzuständen.

Du wirst es erleben und dann weißt du, wovon ich spreche. Ich freu mich für dich, wenn´s dir geschieht. Wenn dir diese Gnade des Absoluten zuteilwird.

* * *

## 5. Freiheit ist nicht gleich Freiheit

Für gewöhnlich wird der Begriff Freiheit mit Bewegungsfreiheit, die Freiheit, alles tun zu können, wonach einem der Sinn steht, sowie ein Gefühl das sich angeblich bei einem Segelflug, Fahrt auf einem Segelboot, einem PS starkem Wagen ausfahren und Extremsportarten einstellt, assoziiert.

Sicher mag es ein eindringliches Gefühl sein, welches sich bei oben erwähnten Aktivitäten einstellt. Doch wie lange währt es an? Kann es verwahrt werden, um bei Bedarf wiederholt zu werden? Nein, weder das eine noch das andere ist möglich. Ergo wird so mancher regelrecht süchtig danach. Nach diesem Kick im Kopf, dem angeblichen Gefühl der Freiheit.

Mal ehrlich, wie oft hast du festgestellt, dass es eben doch nur ein flüchtiges Gefühl war. Sich nicht halten lässt und immer wieder neu geboren werden muss? Im Grunde verhält es sich doch so, dass all diese Aktivitäten etwas bedingen, also in Abhängigkeit zu etwas stehen. Woraus sich die Frage ergibt, was daran dann Freiheit sein soll? Es ist alles nur eine Illusion von Freiheit, eine Selbsttäuschung, um etwas oder jemandem zu entfliehen. Die wirklich interessante Frage wäre, also, warum wird es getan, was soll mit dem Freiheitsgefühl überdeckt werden, was soll in Vergessenheit geraten? Die Antwort ist recht simpel. Es ist ein Bedürfnis, das sich kaum erklären lässt, würde man den Betreffenden fragen, so wäre dies seine Antwort. Und doch scheint da etwas zu sein, was einen antreibt, dieses Gefühl von Freiheit zu empfinden. Nicht das man sich gefangen und eingesperrt fühlen würde in einer Gesellschaft, die mehr fordert, als man bereit ist zu geben, weil es sich nach einer Art Sklavendasein anfühlt. Angetrieben durch Konkurrenzdruck im finanziellen Erfolg und auch im Aussehen. Eingepfercht im Hamsterrad. Familie und Haushalt sind ebenso Pakete. Doch das ist es nicht.

Wahrhaftige Freiheit kannst du nur erlangen, indem du absolut alles loslässt, in ALLEM. Den Verstand Verstand sein lässt, ohne dich auch nur auf einen einzigen Buchstaben von ihm einzulassen. Dich vollkommen aus seiner Abhängigkeit befreien kannst. Dann tritt das sogenannte Erwachen ein und dann wirst du einen ersten Geschmack davon erhalten, was absolute Freiheit tatsächlich ist. Über alles, von du vorher dachtest, es hätte etwas mit Freiheit zu tun, wirst du dann nur noch lachen können. Ja, du wirst über dich selbst lachen, wie du nur darauf hereinfallen konntest, was der Verstand dich all die Jahre und Jahrzehnte hat glauben lassen, dass dem so sei.
Worin sich begründet sieht, warum wahrhaftig Erwachte so viel lachen. Möge dir dies als ein Kennzeichen, ein Merkmal dienen, um nicht auf Scharlatane hereinzufallen, die dir ihr Lachen nur vortäuschen. Du weißt genau, wovon ich spreche, denn du hast es hier und da schon bei dem Einen oder Anderen Pseudo-Guru erlebt.

Merke:

Solange Freiheit in Bezug oder Abhängigkeit zu etwas oder jemandem steht, ist es nur ein Konzept von Freiheit, doch niemals die absolute Freiheit, die DU bereits bist.

## 6. Vorstellungen, Hoffnungen, Erwartungen…

Vorstellungen & Hoffnungen

Was ist eine Vorstellung von oder über etwas? Es ist entweder eine mögliche Vorwegnahme dessen, was geschehen könnte oder sollte oder es ist und bleibt eine Illusion von etwas, das vermeintlich nicht erreicht/erlebt wird. Eine Vorstellung katapultiert dich regelrecht aus dem Jetzt. Von daher auch Vor-Stellung.

Mal abgesehen davon, dass es eh anders kommt als gedacht, bzw. vorgestellt.

Ebenso verhält es sich mit der Hoffnung. Hoffnung ist eine Illusion/Vorstellung, ein Wunschdenken und letztlich ein nicht annehmen wollen was und wie etwas ist. Die Erfüllung einer Hoffnung soll etwas an dem ändern, was ist oder eine Zukunft erscheinen lassen, die angenehm bis beglückend sein soll. Wiederum ein Zwist mit dem was ist. Dem nicht annehmen und akzeptieren.

Der, der zufrieden (im Frieden sein) ist, braucht weder eine Vorstellung von etwas, noch eine Hoffnung auf irgendetwas. In Demut darüber, dass alles perfekt ist wie es ist, gibt es keine Notwendigkeit von Vorstellungen oder Hoffnungen. Jener verweilt im Jetzt, dem einzigen, was er tatsächlich hat, bzw. erleben kann.

Erwartungen, Hoffnungen, Sehnsüchte und Wünsche sind Geißel menschlichen Daseins. Was lösen sie aus? Sie katapultieren dich regelrecht aus dem Jetzt, aus dem, was gerade ist.

Deine Erwartungen betreffen zukünftiges, dass völlig ungewiss ist.

Deine Hoffnungen lehnen das was ist ab und sind nichts weiter als Illusionen einer erhofften Zukunft, die doch so nie eintritt.

Deine Sehnsüchte bezeugen, dass du mit dem was ist, nicht in Harmonie bist, es so wie es ist nicht annehmen kannst oder willst.

Mit deinen Wünschen ist es nicht anders. Du bist nicht vollkommen im Jetzt, sondern wünscht dir etwas Anderes, egal was es ist, es ist eine Illusion, die noch keinem die ersehnte Unbeschwertheit oder gar Glück beschert hat.

Dabei wäre/ist es so einfach, heiter und unbeschwert zu sein. Du brauchst nur alles loslassen. Nicht ablehnen oder verteufeln, nein, einfach nur loslassen.

Gib Erwartungen, Hoffnungen, Sehnsüchte und Wünsche auf. So dann wirst du erkennen, es erleben, wie wohl Mensch sich auch ohne dem fühlen kann.

Probiere es mal, was hast du zu verlieren?

Ja, ich weiß, wie verdammt schwer es erscheint, alles loszulassen. Ich war ebenso genau an diesem Punkt, wie du jetzt. Doch ich hatte ganz einfach regelrecht die Schnauze voll von allem, was bisher war. War als Workaholic unterwegs, 10-15.000,-/Monat verdient, einen 7er BMW gefahren, hatte Zeiten, wo ich heut nicht wusste, wovon ich mir morgen etwas zu Essen kaufen sollte. Habe Krankheiten durchgestanden, einen Beckentumor und anderes, früh die Mutter verloren mit 13, den Bruder durch Suizid mit 38, er war 36. Eine Gefährtin ist in meinen Armen gestorben. Wilden Ehen geführt, 4 Jahre Fifty Shades of Grey erlebt, zwei Söhne, war in fast ganz Europa unterwegs mit Auto und Motorrad, war auch in Euro-Disney-Paris. Hatte mit mehr Frauen Sex, wie das Jahr Wochen hat aber weniger als es Tage hat. Und und und…. Und doch, all dies konnte mir nicht den ersehnten Frieden bringen oder gar dauerhaft geben.

So kam ich an den Punkt, wo ich nur noch eines wollte – Erwachen, erwachen zur Freiheit, zur Liebe und zum Frieden. Ich wollte einfach nur noch SEIN, nichts weiter. Dadurch fiel es mir leicht, alles loszulassen, Sehnsüchte, Wünsche, lieb gewonnenes, Freunde und Familie, einfach alles. Einzig mein kleiner Sohn (9), der in mir sieht, was ich wahrhaftig bin und der sozusagen mein junger Padawan-Schüler ist, würde Yoda sagen.

"Die Macht stark in ihm ist. Ausbilden zum Jedi-Ritter du musst!"

- und seine von mir getrenntlebende Mutter (seit Jahren eifrige Advaita-Anhängerin).

Denn du wurdest all die Jahre nicht nur vom Verstand, sondern auch von deinen sozialen Kontakten, deinem Umfeld, den Medien, usw., massiv und unablässlich auf (d)eine ICH-Vorstellung konditioniert, die du einfach nicht bist, nie warst und nie sein wirst.

DU bist bereits alles, was du dir jemals erhofft hast, wonach du dich jemals gesehnt hast.

DU bist FREIHEIT

DU bist LIEBE

Und DU bist FRIEDEN

Erforsche es für dich selbst. Gehe immer wieder Frage nach:

WER bin ICH?

WAS ist dieses ICH

WO kommt es her?

WO ist sein Ursprung, WAS ist die Quelle von allem?

-

Bitte! Niemals diese Fragen dir selbst beantworten. Dazu ist dein Verstand gar nicht in der Lage. Wie sollte er dir sagen oder erklären können, was er selbst nie verstehen könnte und wird. Er kann es einfach erfassen, was das Absolute ist und somit könnte er dir nur Halbwahrheiten anbieten, die dir jedoch nicht aufzeigen können, WER du tatsächlich bist.

DU bist bereits das ABSOLUTE, ohne es zu wissen. DU warst es schon immer und wirst es auch immer sein. Es gibt nur das eine ICH BIN, dass du bist.

Erforsche es, erforsche dich, stelle die Fragen und schick sie in dein Herz, lass sie tief einsinken und ihre Wirkung tun. Tu dies und ich verspreche dir, wundersames wird sich in deinem (Er-)Leben ereignen. Es ist unumgänglich, wenn du dranbleibst. Immer und immer wieder. Egal wo du bist und was du tust. Bleibe dran!

-

Namasté

-

(Das Göttliche in mir grüßt das Göttliche in dir.)

# 7. Fragen & Antworten

Auszüge aus Gesprächen nach einer Buchlesung

-

Teilnehmer:
*Wendest du dich da gezielt nur an Buddhisten?*
-

Da ich keiner Religion angehöre, wende ich mich auch nicht gezielt an Anhänger einer bestimmten Religion. Eingeladen sind, wie schon gesagt, all jene, die die Selbstverwirklichung anstreben, bzw. darauf ausgerichtet sind. Dies geht einher mit dem Auflösen der Anhaftung an das "Kleine Ich", an die ICH-Vorstellung, die du nicht bist. Sie nie sein konntest oder jemals sein wirst. Es ist und bleibt immer nur eine Vorstellung, eine Illusion von dir.
-

Insofern wären deine Erfahrungen nur dann interessant, wenn sie sich damit befassen, OHNE sie (deine Erfahrungen) in irgendeiner Weise schmälern zu wollen. Denn ich habe ja auch mal als Sucher damit begonnen, mich für Spiritualität/Esoterik zu interessieren, um sozusagen einen Einstieg zu bekommen, mich zu orientieren, was es alles gibt und was mich davon anspricht.
-

Was ich indes noch zum Buddhismus sagen will ist, dass ich diese tatsächlich empfehlen kann, denn sie ist keine starre Religion mit festen Doktrinen, sondern nennt sich selbst eine Religionswissenschaft. Wie es auch der Dalai Lama einmal sagte, ist der Buddhismus zu jederzeit bereit altes durch neues zu ersetzen oder altes zu revidieren, wenn es nicht mehr stimmig ist mit den neuen Erfahrungen und Erkenntnissen. Es ließe sich sagen, dass der Buddhismus sozusagen immer wieder ein Update erhält und stets auf dem neuesten Stand zu sein. (lacht)

\* \* \*

Teilnehmerin:

*Meine Persönlichkeit hat sich einfach so entwickelt und was ich so mache fühlt sich für mich einfach richtig an. :P*

-

Sicher fühlt es sich für dich richtig an, weil es dir gutgeht, du dich wohlfühlst und eine gewisse Zufriedenheit ausstrahlst. So gesehen gäbe es also keinen Grund für dich, etwas daran ändern zu wollen. Und dort, um es mal als "Ort" zu bezeichnen, stand ich auch vor einigen Jahren. Doch ich merkte auch immer wieder, dass ich anfällig für äußere Ereignisse war, wie für die Inneren (Gedanken und Gefühle) und das störte mich. Ich wollte so etwas wie dauerhaften Frieden in mir.

So ergab es sich, dass mir durch eine Begegnung Advaita und dem Erwachen nahegebracht wurden, was eine immense Freude in mir auslöste, dass es also tatsächlich möglich ist.

Der Präsenz bereits Erwachter gewährte mir einen ersten Eindruck/Einblick ins Sein und was sie, die Erwachten, uns übermitteln ist für mich vollkommen stimmig und so richte ich mich quasi danach, bzw. achte darauf, wann mein Fokus aufs "Kleine Ich" gerichtet ist, was mit Leiden verbunden ist und wann auf das Sein - im Grunde auf das, was ich bereits bin, es nur noch nicht vollends realisiert habe. Doch es fühlt sich sehr gut an, im JETZT zu sein, einfach nur SEIN und sich in jeder Sekunde überraschen lassen, was als Nächstes geschieht. Nicht einmal meine Worte sehe ich kommen, sie fließen einfach durch mich hindurch, ungefiltert, ohne Lektor oder sonst einer Kontrolleinrichtung. Diese wurden allesamt von mir deaktiviert. (lacht)

\* \* \*

Teilnehmerin:

*Du beschäftigst dich ja schon ziemlich lange mit Advaita. Was genau hat dich dazu angetrieben, dass du dich nun schon 5 Jahre damit beschäftigst, bzw. was war dein Schlüsselerlebnis?*

-

Ja, das ist wohl der wesentliche Unterschied zw. Advaita und Religionen, dass Advaita es nicht nötig hat, wie du so schön vorhin sagtest, den Verstand zu catchen!

Denn genau das ist die Schwachstelle derer, die die Religion auslegen, dass sie immer den Menschen, also die ICH-Vorstellung, ansprechen und nicht das Sein in ihm. Wobei Jesus ja genau darauf hingewiesen hat, dass der Mensch einzig nach Gott streben sollte, was nichts anderes bedeutet, als dass Mensch sich selbst erkennt, bzw. erkennt, dass er selbst bereits das Sein (Gott) ist und es nur wieder erkennen muss durch Beobachtung und Erkennen, durch Selbsterforschung, Erforschung des Selbst.

Kein Handeln führt zum Sein (Gott), sondern nur das stille beobachten des Verstandes, der Gedanken und welche Reaktionen daraus hervorgehen. Der Mensch handelt also nicht, weil er es will, sondern weil der Verstand es ihm quasi befiehlt. Höre auf den Verstand und du bist verloren, du leidest.

-

Ein Schlüsselerlebnis gab es nicht. Es gab zwar ein spirituelles Erlebnis 1998 in der Türkei, wo ich 2 Monate zu Fuß von Alanya nach Antalya gelaufen bin und zahlreiche Begegnungen/Erlebnisse hatte, die auf ein "höheres Selbst" hinwiesen und zwar in der Form, dass ich versuchte jegliches Wollen abzustellen, um mich führen zu lassen. Dieses sich führen lassen erwies sich später als genau das, was ich vermutete. Nämlich, dass wir nichts bestimmen können, also keine bewusste Entscheidung treffen und danach handeln, sondern dass der Körper genau das tut, was er tun soll und nur durch die Identifikation mit dem Ego-Verstand, dem Ich-Gedanken es den Anschein hat, man würde selbst etwas bestimmen. Dies wurde mir im Laufe der letzten Jahre durch Advaita und den Erwachten bestätigt. Und, was ich für sehr bedeutend/wichtig halte, durch Selbstbeobachtung. Schauen was und wie etwas geschieht und immer wieder erkennen, dass der Verstand nichts weiter tun kann, wie alles zu kommentieren, etikettieren, werten und urteilen. Doch all dies betrifft immer das, was schon längst geschehen ist. Daraus ergibt sich, dass er dadurch versucht, mich aus dem JETZT zu holen, mich von meiner gegenwärtigen Präsenz zu trennen, indem er mich entweder in die Vergangenheit ziehen will oder mir Zukunftsszenarien vorspielt, ähnlich wie ein Film. Zumeist sind es ja nur Gedanken, die er indes auch gerne mit Bildern versieht und wen wundert es, diese zumeist eine sorgenreiche oder beängstigende Zukunft zeigen. Sprich, man fürchtet sich regelrecht vor einem Ereignis/Begegnung, in der falschen, bzw. vorgetäuschten Annahme, es würde mehr als nur unangenehm sein/ausgehen. Doch wie rückblickend das Leben sich zeigt, haben diese sich stets als falsch erwiesen.

Wer kennt es nicht, wenn man mit ungutem Gefühl in ein Ereignis eintritt oder eine Begegnung und diese sich als auf einmal erfreulich gestaltet hat. Doch lernt man daraus? Nein, durch die weiterhin bestehende Identifikation mit dem Ich-Gedanken wird man sich bei Gelegenheit wieder düstere Aussichten ausmalen, sprich man ist immer noch in der Hand des Verstandes. Und genau davon habe ich mich gelöst. Den Verstand als das erkennen, was er ist, nämlich nicht ICH, nicht das Sein, dass ich bin.

Danke.

* * *

Teilnehmer:
*Was die Einschätzung des Verstandes angeht, ich meine doch das dieser aus sich heraus neutral ist und richtig gebraucht, auch sehr positives hervorbringen kann.*

-

Jepp, vollkommen richtig erkannt. Er ist ein Werkzeug für praktische Anwendungen wie Mathematik, Termine,

Architektur, usw. Das Problem tritt erst dann auf, wenn man sich dem Verstand unterwirft, zumeist ohne es zu merken oder gar zu wissen, und sich somit zum Sklaven des Verstandes macht.

Danke.

\* \* \*

Teilnehmer:
*Ihn als den Sitz seiner Störungen auszumachen könnte den Blick davon wegleiten lassen, dass diese Störung eine Mischung aus verschiedenen Aspekten des Körpersystems darstellt, welche eben nicht allein aus dem Verstand kommen. Es sind eher Verhaltensmuster, Fühlmuster und keine bzw. oft keine Denkmuster, welche etwa die Angst erfahrbar machen. Eine Gemengelage quasi.*
-
Der Verstand ist nicht die Störung. Die Identifikation mit ihm ist die Störung. Sie löst die Vernebelung, den Schleier aus, der vor dem Sein hängt, das du bereits bist, und du dich dann nicht mehr selbst erkennst. Das ist alles. Ganz einfach. Löse die Identifikation und du wirst erkennen, dass es da nie ein Problem oder dergleichen gab.

Danke.

\* \* \*

Teilnehmerin:
*Es ist schön sich bewusster zu werden wie alles zusammenhängt und läuft, es ist auch schön genau zu wissen das man Liebe ist und all dies, aber dennoch kommt dann die nächste Reinszenierung über den Weg und man ist da nicht mehr in Kontakt zu diesem unverfälschten sein.*

-

Deswegen ist es so wichtig im Jetzt zu sein oder wie Eckhart Tolle es bezeichnet -> Gegenwärtig <- Denn das Jetzt ist der Tod der Gedanken sozusagen. Der Verstand lebt von der

Vergangenheit und den Zukunftsszenarien, kann jedoch mit dem JETZT nichts anfangen. Daher seine ständigen Bemühungen, einen aus dem JETZT zu holen und das hat er sehr gut drauf. Von daher sollte er nie unterschätzt werden. Er ist so ausgeklügelt, dass er einem sogar Freude und Glückseligkeit suggerieren kann, was sich bei genauerer Betrachtung auch wieder nur aufs "kleine Ich" bezieht und nicht das Sein berührt. Das Sein ist beständige Freude und Frieden oder wie du schreibst, auch Liebe. Doch die suggerierte Freude, Frieden und Liebe sind alsbald gestört, ins Wanken gebracht, sowie Mensch sich auf äußere Ereignisse einlässt und darauf reagiert (was ja der Verstand tut/ist), ebenso bei den Gefühlen, die temporär limitiert, also begrenzt sind.

Danke

*  *  *

Teilnehmerin:
*Wie schön, wenn man innere Ruhe erreicht hat, doch es ist niemals ein Zustand von Dauer, denn die Prüfungen folgen auf dem Fuß. Und so sagten die alten ja immer: Wir sind Kummer gewohnt.*

*Jedes ungute Gefühl hat eine Ursache, ein Schlüsselerlebnis. Und wenn man es nicht ganz genau nachempfinden kann damit es vielleicht einmal eine "normale" Erinnerung wird, und es stattdessen lieber unterdrückt, wird es auch immer und immer und immer wieder kommen und die erreichte Gelassenheit bedrohen.*

*Der Verstand ist nicht das Problem, sondern das man diesen verleugnete. Man sagte ja und meinte nein z.B.*

-

Ja genau. Meiner Erfahrung nach geht es auch nicht um Unterdrückung, sondern eben um das Bewusstmachen, dass es einfach nicht DU bist, der damals gelitten hat. Unterdrücken ist eine Reaktion des Verstandes und sich darauf einzulassen heißt, dem Verstand weiterhin hörig zu sein. Es gilt zu erkennen, dass DU nicht dieser Verstand bist, sondern er NUR ein Werkzeug ist.

Der Verstand lässt sich auch nicht leugnen, damit bekäme er ja die Aufmerksamkeit, nach der er trachtet. Immer wieder beobachten und erkennen, das ist es und irgendwann kommt der Punkt, wo man ihn durchschaut hat, es vollkommen erkannt und dann lassen auch die Gedanken nach, seine Attacken gegen dich, da sie auf unfruchtbarem Boden landen und verkümmern. Es macht Spaß, dies zu beobachten.

* * *

Teilnehemr:
*Bitte nicht falsch verstehen, mag nicht alles schlecht reden, aber das Wort Erleuchteter ist bei mir negativ konditioniert, du weisst ja, der lästige Verstand und so.*

-

Keinesfalls! Und ja, "Erleuchtung" ist in der Tat mit einigen Konzepten verhaftet, die nicht stimmig sind. OM C. Parkin hat dazu ein kleines Büchlein verfasst, dass ich wärmsten empfehlen kann. "Mythos Erleuchtung".

Ich selbst würde mich nie als ein Erleuchteter bezeichnen. Ich bin nicht erleuchtet, ich bin erwacht, was ein signifikanter Unterschied ist. Während so etwas wie Erleuchtung wie eine Taschenlampe ist, die dir jemand in den Hintern steckt, also ein weiterer Beteiligter, so betrifft, nein bezieht sich das Erwachen ausschließlich auf dich selbst, auf Dein Selbst, dass Du bereits bist. Verstehst du den fundamentalen Unterschied?

* * *

Teilnehmerin:

*Meine größte Enttäuschung war Krishnamurti. Jeder Satz eine Wucht und dann entdecke ich das er seine eigene Philosophie nicht lebt und zich Jahre eine Geliebte hatte, welche er leugnete und so.*

*Da ist mir ein Osho lieber, da weiss man sofort das man ihm nicht trauen darf.*

*Ja und Tolle ja, ganz ehrlich, er ist ein Türöffner. Ungereimtheiten mag es da dann auch geben, nur eben nicht so gravierend das man das ernst nehmen muss.*

*Der Sitz meines Ichs ist das ES, das was wir das Unbewusste nennen. So fällt es mir leichter, mein Ich nicht immer zu ernst zu nehmen.*

*Es gab mal diesen Punkt, da hatte ich eine Gleichgültigkeit erreicht. Aber irgendwas war unstimmig. Das ist ja auch so ein Wort was negativ behaftet sein mag und das ist nun auch die Frage. War alles gleichwertig, oder alles egal. Und gibt es darin überhaupt einen Unterschied?*

*Seitdem hänge ich in der Luft und hab mich dazu entschieden, einfach alles erleben zu wollen. Auch die leidbehafteten Dinge. Einfach alles.*

*Wie siehst du es mit dem ich sag mal diplomatisch Gleichmuth?*

-

Früher ging es mir auch so, dass mir Worte einer Person wie z.B. Krishnamurti und anderer direkt zusagten, ins Herz gingen, wenn du so willst. Als ich dann erfuhr, was sie so taten oder wie sie lebten, da bekam ich dann auch Zweifel, da es nicht im Einklang zu den Worten schien.

Inzwischen sehe ich nicht mehr die Person, sondern nur noch die Worte, bzw. was sie in mir auslösen. Da spielt es für mich keine Rolle mehr, was die Person macht oder wie sie lebt. Osho soll angeblich mit etlichen Frauen Sex gehabt haben... Na und! Ein buddhistischer Mönch sagte mal, er liebe und verehre Buddha und er liebe Muschis, ist ebenso. (Teilnehmer lachen)

Nicht wenige, die das Sein realisiert haben verweisen auch immer wieder darauf, dass die Sucher, die zu ihnen zum Satsang kommen, nicht auf die Person achten sollen, also die Worte nicht mit der Person gleichsetzen. Doch nur sehr wenige schaffen es tatsächlich, das was hinter den Worten ist zu erkennen und zu sehen. Dies geschieht oft dann, wenn sie in Stille beisammensitzen und im Sein sind. Da ist nichts mehr wichtig, nichts hat eine Bedeutung außer dem einfach Sein. Es ist das "Ich bin", ohne jeglichem weiteren Attribut wie: ich bin - glücklich / - fröhlich / - traurig / - wohlhabend etc.

Osho wurde und wird anbei oft falsch verstanden, eben weil man seine Worte mit den Handlungen im Einklang bringen will. Doch was er sagte hat Hand & Fuß. Dabei gehe ich davon aus, bzw. habe bei verschiedenen Personen festgestellt, dass sie im Grunde dasselbe sagen, nur in differenter Weise. So wie alle Religionen in der Essenz auf Liebe verweisen, nur halt in ihren jeweiligen Gegebenheiten des kulturellen Umfeldes.

Ich liebe diesen lustigen Kerl (E.Tolle) in seiner erheiternden Art & Weise, wie er das Sein vermittelt, ohne mich jedoch in ihm zu verlieren, also der Person Eckhart Tolle anzuhaften.

Man könnte sagen, ein Film ist ein Film, egal ob er auf einer Leinwand oder alten Hauswand wiedergeben wird, es ändert nichts an dem Inhalt des Films. Würde ich den Film danach beurteilen, auf welcher Art von Leinwand er dargestellt wird, dann würde ich den Film nicht mehr ganz mitbekommen, da ein Teil der Aufmerksamkeit an der zerschlissenen Leinwand haftet.

Ja, so ähnlich sehe ich es auch - Das Ich ist nur eine Art Projektion doch nicht der Projektor selbst. So wie Sonnenstrahlen nicht die Sonne ist und doch sind sie die Sonne. Das ist, was das unverständliche Paradoxon genannt wird. Es bedeutet auch, dass nichts außerhalb vom Sein (Gott) existieren kann. So gesehen kann ich sagen, dass Ich Gott bin und es nicht bin. Doch nur solange, bis ich das ICH BIN vollständig erfahre, es vollkommen realisiere.

Freundlicher Gleichmut. Das kenne ich aus dem Buddhismus, wo es heißt, dass alles Eins ist und alles, was ich jemandem antue, letztlich mir selbst antue. Weiterhin heißt es im Buddhismus, dass Handlungen geschehen, es jedoch keinen Handelnden gibt. Daraus entwickelt sich dieser sogenannte freundliche Gleichmut allem gegenüber. Wobei es keine intellektuelle Feststellung bleiben sollte, sondern tatsächlich gelebt, dann ist es authentisch.

Mir scheint, dass ein Gefühl von Gleichgültigkeit oder Egalität, eine Strategie des Verstandes ist, da es sich auf die Person bezieht, der etwas egal oder gleichgültig ist. Denn ihr, der Person, nichts zu geben, was ihr guttun würde, wobei sie Freude erleben könnte, ergo Ablehnung durch Gleichgültigkeit.

Ja, einfach alles erleben, es geschehen lassen, wie es kommt und sich ereignet. Ein Wollen bezieht sich wieder auf die Person. Dies wird mit Demut bezeichnet, also anerkennen des Seins (die göttliche Macht), die alles regelt und für alles sorgt. Sich in dieser Demut hingeben, dem Leben hingeben und quasi in jeder Minute überraschen lassen, was als nächstes geschieht, was jetzt geschieht. Dies praktiziere ich ohne Erwartungshaltung, frei von Wünschen oder Sehnsüchten, da ich ohnehin nichts bewirken könnte. Also ist es doch ratsamer sich zu ergeben, sich hinzugeben und sich wie im Schoß Gottes fühlen, wie Mooji so treffend sagt.

"Sorge dich um nichts. Sei wie ein Kind im Schoß Gottes. Es bedarf weder der Überwachung der Gedanken, noch einer Einwanderungsbehörde für Gefühle. Du kannst dich entspannen. Ja, entspann dich"

Mit "DU kannst dich entspannen" spricht er nicht dich als Person an, das ist der Punkt!

* * *

Teilnehmerin:
*Versucht man damit nicht, sich selbst zu belügen? Wenn ich
Angst, Schmerzen, Trauer usw. fühle (was alles nachweisbare
biochemische Reaktionen sind), wer leidet denn sonst, wenn
nicht ich? Mitfühlende Beobachter mal außen vorgelassen.*

*Aber wenn man bemüht, sich einzureden, man selbst wäre es
gar nicht gewesen, der gelitten hat, und das Schule macht,
dann ist bald der Banalisierung von Leid und auch von
Ungerechtigkeit, Schikanen, Verbrechen usw. Tür und Tor
geöffnet. Denn der Betroffene würde ja gar nicht wirklich
geschädigt.*

*Übrigens können sogar Tiere nach einem tragischen Erlebnis
leiden, indem sie zum Beispiel vor dem Verursacher oder Ort,
an dem es passierte, Angst haben. Und denen schreibt man
normalerweise nicht besonders viel Verstand in Bezug auf
Gedanken über Vergangenheit und Zukunft nach.*

*Unerfreuliche Nachwirkungen unangenehmer Erlebnisse sind
also eine ganz natürliche Reaktion.*

-

Keinesfalls. Schau, wenn du einen Handschuh anziehst und
diesen an eine Flamme hältst, so dass er nur kurz anschmort.
WER schmort dann an? DU, bzw. deine Hand oder der
Handschuh?
Indem DU dich jedoch für den Handschuh hältst, beziehst du
das Anschmoren auf dich. Du empfindest Schmerz und Angst.
Würde das auch der Handschuh tun?

Der Mensch ist im Grunde wie ein Tier, ein biochemisches

Wesen mit einem Gehirn, dass Erinnerungen abspeichern kann. Von daher auch die Trauerzeit bei Elefanten zum Beispiel oder Hunden. Beim menschlichen Wesen ist es nicht anders, nur dass das Sein sich für diesen Mensch hält, an dem der Ich-Gedanken festhält und es auf sich bezieht. Anders gesagt könnte man einen Puppenspieler nehmen, der in der einen Hand den Kasperle hält und spielt und in der anderen den Polizisten, die ihn schlägt. Nun verliert sich der Puppenspieler so sehr in den Kasper, dass er sich selbst vergisst und weint, weil ihm die Schläge angeblich wehtun. Verstehst du, worauf ich hinauswill?

Das Sein gibt dem Menschen Raum selbst zu sein, ohne sich hingegen zu erkennen. Das Sein ist es, dass Mensch und Tier, wie alles andere auch gleichermaßen belebt. Zieht das Sein den Finger aus deinem Hintern, stirbt (d)ein Körper, jedoch nicht du selbst. Das ist völlig unmöglich und für den Verstand einfach nicht fassbar, doch es ist erfahrbar, wenn du erwachst.

Viele sagen auch, dass die Seele leide. Was bitte soll die Seele sein? Seel ist ein menschliches Konzept, mit sie sozusagen einen Chauffeur zu Gott hat. Das leidige Problem dabei ist, dass Gott als etwas Getrenntes gesehen wird und die angebliche Seele zu ihm einkehren müsse. Wie bitte soll das funktionieren, wo doch absolut ALLES, was ist eben dieser eine Gott, dieses EINE ist. Und du bist es bereits, warst es schon immer und wirst es immer sein. Also welchen Nutzen sollte eine Seele haben, außer für jene, die damit Menschen an sich binden, um sie zu kontrollieren? Es gibt, gab und wird nie so etwas wie eine Seele geben. Das EINE ist und alles ist in ihm.

* * *

Teilnehmer:
*Es ist wunderbar, wenn man den Augenblick genießen kann, ohne dass man ständig durch abschweifende Gedanken*

*gestört wird. Das ist vielleicht auch eine Sache der Übung. Achtsamkeit heißt das wohl.*

-

Wie bereits erwähnt, nennt es Eckhart Tolle gegenwärtig sein. Wobei er uns dazu einlädt, die aufkommenden Gedanken nicht abzulehnen, sondern sie genau anschauen, sie betrachten wie vorbeiziehende Wolken, wenn du so willst. Und je öfter du gegenwärtig ist, desto weniger werden die Gedanken, die erscheinen. Dabei hilft es, sich zu vergegenwärtigen, indem du dir bewusst bist - HIER bin ich und DORT sind die Gedanken. DU bleibst, die Gedanken ziehen weiter. Versuch´s mal, du wirst wundersames erleben!

\* \* \*

Teilnehmerin:
*Auch so denken zu können, ist natürlich eine beneidenswerte Gabe. Trotzdem warst das auch damals du. Meine ich jedenfalls. Du hast es einfach inzwischen geschafft, das damalige Ereignis aus der Warte eines Erwachsenen zu sehen und deswegen weniger dramatisch zu interpretieren. So würde ich das jedenfalls sehen.*

-

Das ist kein aktives Denken vorhanden. Du kannst nicht einen einzigen Gedanken selbst produzieren. Jeder Gedanke kommt vom Verstand, dem Geist dahinter. Es ist vielmehr ein Erkennen dessen, was ist, bzw. war. Denken würde mir nicht helfen, ich würde ins Grübeln verfallen, bzw. der Verstand würde dafür sorgen, so man sich auf seine Gedanken einließe.

Ein "Erwachsener" würde es wahrscheinlich rational betrachten, doch immer noch aus der Perspektive der Person, der Ich-Vorstellung, was ein wesentlicher Unterschied ist. Denn nur der Verstand würde es deuten und interpretieren, um dich an ihn weiterhin zu fesseln, da du ja dann überzeugt wärst, es wäre dir passiert. Verstehst du den Unterschied? Entweder du denkst immer noch, dass du all diese Erfahrungen gemacht hättest, du, die Person, die du indes nicht bist. Oder du wirst zum Beobachter dieser Person. Dann erlebst du alles aus der Perspektive des Seins selbst, wo dich nichts mehr berühren kann. Keine Erinnerungen, kein Schmerz oder sonst irgendetwas. DU BIST, das ist alles. (lacht)

* * *

Teilnehmerin:
*Du solltest den Verstand, der auch ein Teil von dir ist, nicht als deinen Feind betrachten*

-

Da hast du etwas missverstanden oder gedeutet, denn der Verstand ist NICHT mein Feind. Zudem kann er mir doch nicht das Geringste anhaben, da ich mich nicht mehr auf ihn einlasse. Ergo kann ich ihn gewähren lassen, wonach auch immer ihm der Sinn steht. ER ist was er ist und will überleben, wie alles Lebendige. Nein, es geht darum ihn zu benutzen und sich nicht von ihm benutzen zu lassen. Der Verstand ist nur ein Werkzeug. Ein gefährliches Werkzeug mit einem Eigenleben, wenn du so willst. So du auf den Verstand hörst, ihm alles glaubst, was er dir anbietet, bist du unweigerlich verloren. Er hat dich in seiner Gewalt und kann mit dir machen, was ER will und nicht was du willst. Er ist höllisch gut darin, sein Wollen für dein Wollen zu halten. Wann immer du etwas willst, dich nach etwas ersehnst, etwas erhoffst oder wie auch immer, ist ER es, der es dich glauben lässt, dass du etwas willst, dich sehnst, verzweifelt bist usw. Du bist seine Marionette, ohne dir dessen bewusst zu sein. Das ist das ganze Drama, dass du (d)ein Leben nennst.

Danke.

* * *

Teilnehmer:
*Danke für deine Offenheit. Beim Zuhören ist mir aufgefallen wie stark du dich aufteilst, fragmentierst, unterteilst, um das scheinbar Wirkliche zu beleuchten. Was ja auch erstmal oft ein*

*guter Weg ist, die eigenen Mechanismen und Automatismen sich ins Bewusstsein zu rufen, um damit weiter zu arbeiten. Aber es passiert bei dir unter Einfluss einer Philosophie, unter Einfluss eines vorgefertigten Konzeptes, bei dem man immer mindestens auf einer kleinen Ebene zulässt, dass man Teile von sich und seiner Prozesse durch diese vorgefertigten Konzepte deklarieren lässt. Im schlimmsten Fall laufen danach innere Prozesse und somit die Anschauung über das was tatsächlich geschieht, nur noch gemäß dem Konzept welches man bewusst oder unbewusst angenommen hat. Was den eigentlich klaren Prozess des Beobachtens, von vornherein korrumpieren kann.*

*Kannst du tatsächlich mit Gewissheit sagen, dass es bei dir bisher anders ist?*

-

Selbstverständlich nicht! Es geht nun mal nicht ohne Konzepte, die zum Erwachen führen können (wegen der Gnade!). Ergo bin ich bemüht, es, wie du so schön sagst, von allen Seiten zu beleuchten - Licht ins Dunkel (Unwissenheit) bringen. Wobei ich angebotene Konzepte zunächst prüfe, ob sie tatsächlich dem Sein entspringen, also nicht WER sie anbietet, sondern WAS. Muss auch dazu sagen, dass ich z.B. bei Mooji, Ramana, Papaji und Weiteren keinerlei Zweifel hege. Mir noch unbekannte werden quasi geprüft. Dazu gesellen sich dann eigene Erfahrungen aus Nachforschungen und "Experimenten" wie ich manchmal gern sage. Somit gebe ich einerseits Wissen aus 2.Hand weiter, ohne es mein eigenes zu nennen und passend dazu die eigenen Erfahrungen dazu, was sozusagen die Informationen Erwachter zertifizieren soll. Und ja, unsere/meine Wahrnehmung ist durch Konditionierung korrumpiert, was mir früher nicht bewusst war und jetzt erkannt wurde. Dadurch hat sich auch die Qualität der Wahrnehmung verändert. Lebenskonzepte wurden abgelegt, da sie nicht weiter dienlich/nützlich waren. Hierbei differenziere ich zwischen Konzepten fürs Leben, die Person, den Menschen und jenen, die auf das Sein verweisen oder zum Erwachen führen können.

Danke.

* * *

*Teilnehmerin:*

*Betrachte dazu schlicht die Idee des Erwachens. Die unterschiedlichsten Mythen, Geschichten, Ansichten, drehen sich um diesen Begriff. Dieser Begriff, die Idee des Erwachens, ja das Wort selbst, ist durch die Menschen mit ihren unterschiedlichen Ansichten und Erfahrungen, heute mindestens genauso verwässert wie der Begriff Gott, oder die Liebe.*

-

Da stimme ich dir gerne zu. Liebe ist eines jener Bereiche, die mit den unterschiedlichsten und wohl meisten Konzepten belegt wurde/wird. Von daher sage ich schon lange nicht mehr, dass ich jemanden lieben würde. Wie soll das gehen, wenn ich Liebe bin, dann bin ich Liebe und verströme diese, wie eine Blume ihren Duft. Eine Blume blumt ja auch nicht, sowie die Sonne nicht sonnt, sondern scheint, also sich verströmt.

-

Über den Begriff Gott und seiner zahlreichen Konzepte braucht es nicht weitergeredet werden, da die meisten, die von Gott reden, ihr Konzept von ihm vertreten, ohne zu wissen, WAS Gott eigentlich ist.

-

Erwachen ist ebenso mit vielen Ideen, wie du sagst, behaftet. Mit Vorstellungen und Illusionen, wie es sein könnte und/oder was danach sein könnte. Darüber lasse ich keine Gedanken zu, bzw. schenke ihnen keinen Glauben. Erwachen ist Erwachen und führt bei vollständiger Realisierung zum "Ich bin" - So jedenfalls Nirsagadatha Maharaj und da gehe ich gerne konform mit. Ist wie eine Art "Zielmarkierung", um nicht die Orientierung im Sumpf esoterischer Theorien und spiritueller Konzepte zu versinken.

-

Die Erfahrungen mit dem Erwachen scheinen stets die gleichen oder zumindest sehr ähnlich zu sein, was primär auf das Auflösen der Identifikation mit dem Ich-Gedanken, der Person, verweist. So jedenfalls habe ich es bei jenen nachlesen können, die als "verifizierte" Erwachte gelten. Verifiziert durch den Meister (das Sein), der in unterschiedlichen Formen (Menschen) erscheint. Von daher wird oft von dem Meister gesprochen und nicht den Meistern.

-

Erwachen... Wenn im Traum mein Bewusstsein erwacht, bin ich Herr über alles was darin geschieht. Erwache ich vollkommen, endet der Traum.

Jemand kann einem helfen indem er aufzeigt, wie man im Traum sein Bewusstsein erwachen lässt, aber wirklich komplett aufwachen, ist jedem schon selbst gegeben. Kennt auch jeder. Warum soll es sich mit dem Erwachen/Erleuchten anders verhalten?

Erwachen kann sowohl im „Wachzustand", wie auch im Schlaf geschehen. Leider glauben die meisten Menschen, dass, wenn sie morgens aufwachen in der Realität sind. (lacht)

Dies wird von OM C.Parkin gut beschrieben, dass Menschen, wenn sie aufwachen morgens, denken sie seien in der Realität ihres Lebens, obwohl sie gerade am Morgen damit beschäftigt sind, sich voll in den Traum ihrer Existenz als Mensch zu stürzen, indem sie sich auf die Gedanken einlassen und ihren vermeintlichen Pflichten und Aufgaben nachgehen, worin sie sich dann mehr oder weniger wohlfühlen.

Bei mir geschah das Erwachen als Gnade in der Nacht vom 27. zum 28.04.2022, wobei ich rein gar nichts davon mitbekommen hatte. Es erschienen auch keine darauf hinweisende Träume. Nur das Aufstehen in den neuen Tag wurde von einem eigenartigen Gefühl begleitet. Am besten ließe sich sagen, es fühlte sich an, als ob heute ein neues Leben beginnen würde. Als ob ich heute beginnen tatsächlich zu leben. Alles wurde und wird viel intensiver wahrgenommen, egal Wind, Gerüche, die in der Luft sind, Vogelstimmen, Blätterrauschen, ja sogar das Atmen fühlte sich anders an. Es brauchte ein paar Tage, bis ich begriff, dass ich wohl erwacht sei. Eine erste Aktion war, dies sofort zu überprüfen, um sicher gehen zu können, dass mir da nicht etwas zu Kopf steigt, was mich quasi illusionieren ließe. Doch dem war nicht so. Völlig ruhig und entspannt ging ich in und durch den weiteren Tagesverlauf. Ein signifikantes Zeichen gab es indes. Und zwar hatten die auftauchenden Gedanken ihre Anziehungskraft verloren. Sie erschienen nach wie vor, doch da war kein Festhalten mehr, kein sich darauf einlassen und im Verstand zu verweilen. Auf einmal erlebte ich, was Eckhart Tolle einmal so beschrieb: Hier bin ICH und da sind die Gedanken. Ja, die Gedanken gehörten nicht mehr zu mir, ich war und bin nicht mehr die Gedanken. War ich überhaupt noch Thomas Stern? (lacht).

DANKE!

* * *

Teilnehmerin:

*Ich verstehe das selbst wie es sich dir gezeigt hat. Bei mir ist es wie Schilf im Wind und es bewertet nicht, kennt keine Zeit usw. letztlich hat es auch keine Individualität, von daher die Frage. Hältst du dieses Selbst für ein gemeinsames Selbst, also dasselbe selbst, oder sind es verschiedene? An dem Punkt häng ich schon länger fest, nicht dass es einen Unterschied macht, aber bin immer noch auch ein ich mit viel Neugier. Ansonsten scheint es keine finale Erleuchtung zu geben, sondern bildhaft gesprochen geht die Jakobsleiter weiter und immer weiter bis hinein in Sphären, die nie ein ich gesehen haben mag. Ein selbst jedoch auch nicht, da es ja ohnehin "nur ist" und keine Fragen stellt.*

-

Indem du sagst, du würdest das Selbst verstehen, ist es die intellektuelle Ebene, in der du dich bewegst und agierst. Du kannst das Selbst nicht verstehen, es versteht sich nicht einmal selbst. (lacht)

Nein, richte deinen Fokus auf dein Herz, weg aus dem Verstand, der dich weiterhin an sich binden will. Im Herzen und mit ihm erkennst du, dass es nur das Eine Selbst gibt, keine zwei gleichen oder mehrere, die sich zu einem Kollektiv zusammengeschlossen hatten. Es ist immer nur das EINE, dass sich selbst durch die unzähligen Erscheinungen begegnet. So wie du und ich. Ich und du = EINS. Das muss dir klar sein, sonst wirst du immer nur umherirren, vor dem Tor hin und herlaufen, ohne Einlass zu bekommen. Los einfach los von jeglicher Vorstellung, von jeglichem Konzept, was das Eine sein könnte. Der Verstand wird es dir nie sagen können oder gar wollen. Er wird die immer einen nutzlosen Abklatsch davon anbieten, der dich vielleicht kurzfristig satt macht, doch auf Dauer kehrt der Hunger immer zurück und bleibt ungestillt, solange du es mit dem Verstand angehst.

Lese Bücher, Magazine, gehe im Park spazieren, mach den Abwasch, und höre den Worten, die sich dir, dem Selbst, dass du bereits bist, anbieten zu und lass alles einfach nur ihre Wirkung tun. Mehr brauchst du nicht machen, mehr kannst du nicht machen. Las los, in ALLEM.

Und ja, das Selbst stellt keinerlei Fragen, wozu auch, wenn es doch ist, was ist. ICH BIN alles und jedes, was sollte ich mir da noch wünschen, welche Fragen sollte ich mir stellen, wo doch das Leben selbst absolut alles regelt. Ich brauche mich also um nichts weiter kümmern und darf einfach nur SEIN. Was für eine Gnade.

HALLELUJA – (lacht)

* * *

Teilnehmer:
*Selbst wenn sich Gott dir offenbaren sollte, wie kannst du dir sicher sein, ob es nicht einfach Sauerstoffmangel in deinem Hirn ist?*

-

Das würdest du ad hoc merken, da es sich signifikant von allen anderen Erfahrungen als Mensch abzeichnet, oder wie Suzanne Seagal es beschrieb: Du merkst es daran, dass es sich nicht wie eine Erkältung oder so anfühlt. Es ist etwas so umfassend Tiefgehendes, dass du gar daran zweifelst, ob dem so ist. Und doch ist es, wie es ist, ICH BIN.

Zudem kann Erwachen von bereits Erwachten, also jene, die es realisiert haben, verifiziert werden. Nicht jeder, der meint erwacht zu sein und sich dessen bewusst ist, dass er nicht nur unter Sauerstoffmangel, Halluzination oder trügerischen Illusionen des Verstandes leidet/hereinfällt, lässt sich (s)ein Erwachen von ihnen bestätigen. Es gibt wenige Ausnahmen, wo jemand erwacht ist und dies auch authentisch, echt ist und sich nicht vom Meister (Das Sein / Gott) es zusätzlich bestätigen lassen muss, da eine vollständige Realisation stattgefunden hat. Dies geschieht meist in Form von Gnade, wie es die meisten Erwachten zu berichten wissen.

Es gibt jedoch einige, die meinen erwacht zu sein und sie haben sicher auch tatsächlich die Erfahrung mit dem Erwachen gemacht. Doch dann konnten sie es nicht mehr aufrechterhalten, sich nicht mehr darauf fokussieren und sind den Verlockungen des Verstandes (der wahre Teufel) erlegen. Dieser vermag es, dir Erwachen vorzutäuschen und du nimmst es bereitwillig, weil es sich scheinbar immer noch besser anfühlt, als andere, was du bisher erlebt und gefühlt hast. Ja scheinbar, denn du befindest längst wieder im Alptraum Mensch, dem Alptraum (d)einer Ich-Identifikation.

Solch Menschen ziehen durch die Lande, um sich Wanderprediger der 9. Erleuchtungsstufe zu präsentieren.

Geben Seminare für mehr Erfolg im Leben, schreiben nutzlose Ratgeber, die ihnen einen Haufen Geld auf ihr Konto spülen, doch bewirken können sie absolut nichts. Sie sprechen den Menschen an, die Personen, die zahlreichen Ich-Illusionen und diese verschlingen begierig deren Worte, Bücher und und und, weil sie regelrecht ausgehungert danach. Doch sie benutzen nicht ihr Gott gegebenes Unterscheidungsvermögen, wodurch sie in der Lage wären zu erkennen, ob ein Verstand, eine Ich-Illusion, zu ihnen spricht oder das EINE selbst, was IST.

Wenn du erwacht bist, dann wirst du niemals einem Menschen sagen, was er zu tun hätte und was nicht, du würdest keine noch so toll klingenden Ratschläge geben. All dies würdest du in Demut dem Leben überlassen, dass sich in jeder Sekunde in absolut allem, selbst lebt. Niemand ist in der Lage eingreifen zu können oder etwas daran ändern zu können, wie etwas ist. Von daher wäre es in mehr als nur anmaßend, Menschen Ratschläge zu geben, wo sie doch vom Leben geführt werden und nicht von Ratschlägen.

Würden solche Ratschläge tatsächlich fruchten, warum sind dann nicht alle, die The Secret gelesen haben reich, glücklich und gesund? Oder nimm solch Ratgeber wie, Tut was du liebst und du brauchst nie wieder arbeiten. Sie wissen gar nicht wovon sie überhaupt reden, wollen es dich hingegen glauben machen. Verdienen viel Geld mit dem Buchverkauf und Seminaren und meinen sagen zu können, dass du es ihnen nachtun könntest.

Ein Erwachter würde wenigstens sagen, tu, was du bist und du brauchst dich um nichts mehr sorgen und kümmern. (lacht)

* * *

Teilnehmerin:
*Was ist das wahre Ich?*

-

Die Frage ist unvollständig. Sie sollte entweder lauten, WER bin ICH? Oder WAS ist das ICH BIN?

Weder kann ich es dir erklären, noch sonst irgendwie nahebringen. Es reichen nicht einmal Konzepte, es auch nur Ansatzweise zu transportieren, auf das du es verstehen könntest, wenn auch nur intellektuell.

Einzig die Erfahrung des ICH BIN, kann dir Antworten geben, die du dann indes nicht mehr benötigst, da du keine Fragen mehr hast, die es sich lohnen würde, überhaupt gestellt zu werden. ICH BIN. Das ist alles und du bist das bereits, Jetzt, in diesem Moment. Von daher betreibe intensiv die Erforschung des Selbst, deines Selbst, das du bist. Frage dich immer und immer wieder:

WER bin ICH?

WER bin ICH, wenn ich mich nicht mehr für die Person halte, mich nicht länger mit dieser Vorstellung von mir identifiziere?

WO kommt dieses ICH her?

WAS ist sein wahrer Ursprung, WAS ist die Quelle von ALLEM?

BITTE! Nur die Fragen stellen und sie ins Herzschicken, lass sie tief sinken und ihre Wirkung tun. Niemals selbst beantworten, das kannst du, der Verstand, einfach nicht.

Stelle die Fragen und lass los. Übergib sie dem Leben, wenn du so willst und das Leben entscheidet, was es dann mit dir machen wird. Glaube mir, wenn du dies praktizierst, wird sich wundersames in deinem sogenannten Leben ereignen. Es gibt nur das EINE LEBEN und keine Milliarden einzelner Leben. Denke immer daran, du bist das Leben selbst, was du durch intensive Selbsterforschung entdecken und herausfinden kannst. Bleibe dran, gib nicht auf und vertraue keinesfalls dem verstand. Der bietet dir nur Bullshit an. Du wirst es erkennen.

* * *

Teilnehmerin:
*Schon seit ich das erste Mal mit Advaita in Berührung gekommen bin, hat es mich sofort im Herzen angesprochen und seitdem hat sich auch mein Leben verändert. Wie war das bei dir? Wie bist du zum Advaita gekommen?*

-

Nun Anna (Name geändert) und ihr anderen, wie du, so bin auch ich vor etwa 6 Jahren mit Advaita in Berührung gekommen und durch eine sehr, ich sage mal eifrige Frau, auch gleich an die wesentlichen oder bedeutsamen Menschen geführt worden, durch die der eine Meister (Das Sein selbst) zu uns spricht. Der eine Meister deswegen, weil es nie die Menschen selbst sind, es sind Erwachte, die, wie bereits bekannt sein dürfte, keine Identifikation an den Körper, die Person haben. Was auch oder gerade der Grund ist, warum sie uns nie als Person ansprechen, sondern dass ICH, das ICH BIN, ohne es zu erkennen, ohne es realisiert zu haben. Auf diese Weise wird versucht uns daran zu erinnern, WER wir tatsächlich sind und wer/was nicht. Wir bezeichnen nur die vielen Menschen, Personen, die noch der Ich-Vorstellung festhalten, von sich als Person überzeugt sind. Genaugenommen spricht das Selbst zu sich selbst und zwar zu dem Teil des Selbst, welches sich in der Person verloren hat und nun sozusagen nicht mehr herausfindet. Durch diese Identifikation mit dem Menschsein, dem Ich-Gedanken gehen auch all die Begrenzungen einher. Auf einmal erlebt es, dass Menschen sterben und hat selbst Angst vor dem Tod, es erlebt Freude wie auch Leid und hat nun selbst Angst zu leiden, egal wodurch oder in welcher Form, ob mental oder physisch. Und ebenso will es dann auch Freude erleben und versucht dies auf vielen Wegen, mit vielen Mitteln. Kaufrausch, Drogen, Alkohol,

Abenteuer, Extremsport, Wissenschaften und natürlich Sex, sowie vieles andere sollen uns Freude bescheren, uns den Adrenalinspiegel an die Schädeldecke knallen lassen usw.

Wozu und wohin all dies führt und bereits geführt hat, ist nicht zu übersehen und welche noch so verrückten Aktivitäten und Anstrengungen dafür unternommen werden ebenso wenig. Und? Ist jemals jemand dabei vollends zufrieden und glücklich geworden? Nicht ein Einziger, denn jedwede Bestrebung im Außen wie im Innern (Konzeptdenken) sind temporär limitiert, sprich sie beginnen und haben ein Ende - und was dann? Dann setzt die Sucht ein, es zu wiederholen, es zwanghaft ausüben zu müssen - kennen wir alle und wo´s hinführt wissen wir auch alle.

Von daher bietet Advaita, die Worte der Erwachten, das einzige an, was wirklich zur Befreiung von all den Süchten, Sorgen und Ängsten führen kann. Leider, wie ich sagen muss, scheint es keinerlei Disziplin zu geben, die das sogenannte Erwachen als Ergebnis garantiert, da das Erwachen, wie mehrfach beschrieben, eine Gnade zu sein scheint.

Ergo bleibt mir/uns nur, sich den Konzepten von Advaita/den Erwachten hinzugeben, sie, wie Anna schon sagte, zu verinnerlichen, um sich zumindest mehr und mehr dem Erwachen anzunähern, bis es Dank der Gnade tatsächlich geschieht.

Und ja, wie dir Anna, geht es mir und sicher manch anderen auch - es bedarf immer wieder der Erinnerung, der Ermunterung, da der Verstand sich mit allen ihm zur Verfügung stehenden Mitteln dagegen wehrt, dass sein Sklave - der Mensch - erwacht, denn dann wäre der Verstand nur noch, wozu er gedacht ist - ein Werkzeug!

Das wahre ich kann nicht erklärt werden, nicht einmal von sich selbst, weil es ihm an Worten, die es beschreiben könnten mangelt. Der Zustand des ICH BIN kann also nur erfahren/wahrgenommen werden.

Das Sein ist alles, alles was ist und es existiert nichts außerhalb von ihm, was also bedeutet, dass absolut alles was ist, das Sein ist. Doch nicht alles ist das Sein selbst. Ich bin das Sein und ich bin es nicht. Das ist das mysteriöse Paradoxon. So wie die Sonnenstrahlen nicht die Sonne sind und doch ist es die Sonne. Oder wie die Blume duftet doch nicht der Duft ist.

Bedeutet, ich/du als Mensch sind bereits das Sein ohne es zu sein, weil der Schleier des vom Verstand erzeugten Ich-Gedankens mich/dich davon abhält dich als Ganzes wahrzunehmen und du nur den Menschen wahrnimmst und das als etwas von allem anderes Getrenntes. Das ist sozusagen das Dilemma in dem die Menschenstecken.

Mach dich bitte nicht verrückt, indem du versuchst es zu erfassen. Es wird dir nicht gelingen.

Du kannst dir erklären lassen, wie es funktioniert, dass du mit deinem Handy ein Videotelefonat mit jemanden führst und sozusagen bei dem anderen im Handy bist, ohne es zu sein, also obwohl du sagen wir mal zu Hause bist. Doch der Gesprächspartner sieht und hört dich so, als stündest du neben ihm.

So in etwa könnte man sich eine Vorstellung machen wie das Sein im Menschen ist ohne es zu sein und doch ist es das ganze Sein, das absolute Sein, das du selbst bist. Verrückt oder? sag ich doch, nur nicht drüber nachdenken. (lacht)

Über 30 Jahre habe ich mich der Spiritualität des Lebens gewidmet über Esoterik, Tarot, Christentum, Buddhismus, und vielem anderen, wobei der Buddhismus mir noch am ehesten Antworten geben konnte. Erst durch Advaita und authentisch Erwachte, also jene die es realisiert haben, bot sich mir, wie auch anderen, die Möglichkeit einigermaßen zu erfassen worum es geht, WER ich bin, vor allem aber, WAS ich alles nicht bin, obwohl mir der Verstand über Jahrzehnte weis gemacht hat, dass ich die und die Person wäre.

Das wahre ICH versteckt sich nicht, es ist bereits da, war es immer schon, wird es immer sein, wie es übermittelt wird. Nur der oben erwähnte Schleier ließ es mich nicht erkennen, nicht realisieren. So ein Scheiß aber auch. (Alle lachen)

Also auf zur Entschleierung, es kann sofort, jetzt geschehen oder eben Schritt für Schritt, niemand weiß das, nicht einmal die Erwachten. Eben weil es eine Gnade ist.

Da wissen nicht nur die Christen im Grunde gar nicht was sie sagen, wenn sie zu jemandem sagen:

Gnade dir Gott! (lacht)

DANKE!

* * *

Teilnehmerin
*Obwohl ich schon viel über das Erwachen gelesen habe, kann ich es mir immer noch nicht richtig vorstellen. Woran liegt das bitte. Ich möchte es doch so gerne.*

-

Und damit bist du in einem Konflikt zwischen dir und der Person, die du glaubst zu sein. Erwachen und du seid Eins. Erwachen und eine Vorstellung davon sind Zwei. Also bist du in der Dualität und nicht in der Non-Dualität, die keinerlei Trennung zwischen dem, was ist und sich selbst, kennt. Verstehst du das?

Frage dich ganz einfach, WER will sich eine Vorstellung übers Erwachen machen. ICH oder ich? Wenn du den Unterschied erkennst, dann hast DU es. Das ist alles.

Danke.

* * *

Teilnehmerin:

*Gibt es die Liebe auf den ersten Blick?*

-

So gerne ich dir, euch, etwas anderes sagen würde, nein, es gibt sie nicht.

Das, was im Allgemeinen Liebe auf den ersten Blick genannt wird, ist zumeist eine spontane Begeisterung für den anderen, die für einen Moment dein ganzes Bewusstsein einnimmt.

Im weiteren Verlauf einer solchen Liebe auf den ersten Blick, begegnen sich letztlich doch wieder nur zwei Konzepte, um sich bei dem jeweils anderen erfüllt zu sehen.

Was es jedoch gibt ist, dass Liebe sich selbst erkennt. Dies geschieht bei einer Begegnung mit einem oder mehreren Menschen, die Liebe, die ist, repräsentieren und durch die Erscheinung Mensch hindurchstrahlen. Das ist dann nicht in der Art wie oben bei der Liebe auf den ersten Blick. Nein, es ist völlig unspektakulär und beinahe schon selbstverständlich, wenn Liebe sich selbst begegnet und

als solche erkennt.

Das ist der Unterschied. Der einzige Unterschied.

* * *

## 8. Botschaften fürs Herz, an dein Selbst

Aus den Jahren 2019-2022

-

09.08.2019

Wenn du denkst, du denkst, dann denkst du tatsächlich nur, dass du denkst. Was dir indes nicht bewusst ist, ist, dass du nur denkst, du würdest denken. Ergo können die Gedanken nicht deine sein. Was die Frage aufwirft, woher kommen die Gedanken?

\* \* \*

09.08.2019

Hast du dich schon mal darüber gewundert, wie sich Leben so abspielt, wie sich alles wie von selbst zu regeln scheint? Ich meine, welche Aktivitäten des Körpers steuerst du bewusst und welche laufen scheinbar automatisch ab und damit meine ich nicht nur die Verdauung. Des Weiteren scheinen sich ebenso Angelegenheiten von selbst zu erledigen, denen du vorher so viel Aufmerksamkeit und Gedanken gewidmet hast. Mitunter sogar keine Lösung finden konntest.

Man möchte meinen, man sei eine Art Marionette mit Bewusstsein, nur das Bewusstsein für die unsichtbaren Fäden, an denen der Körper hängt, scheint in Vergessenheit geraten zu sein. Es ist, als verlöre sich ein Schauspieler in seiner Rolle und fände nicht mehr zu seinem sonstigen Leben zurück, da er nur noch die Rolle kennt, die er nun für sein Leben hält, für sich selbst hält.

Bleibt nur zu hoffen, dass der "Regisseur" ihn wachrüttelt.

15.08.2019

Es ist ein signifikanter Unterschied, sich einerseits als der zu erleben, von dem man meint, man sei es und dann wiederum zur Beobachterposition zu wechseln. Als Beobachter bleibt letztlich nur das Zuschauen/Beobachten, was und wie etwas geschieht/sich ereignet. In dem Bewusstsein, dass ich Letzterer bin stellt sich unwillkürlich ein scheinbar grenzenloses Wohlgefühl/Wohlbehagen ein. Nicht immer, doch immer öfter…

\* \* \*

2019-09-05

Indem ich das ICH, die Person Thomas Stern, nicht mehr so wichtig nehme, hat sich unter anderem der sogenannte Erlebnishunger deutlich reduziert, was in Folge zu einer gesteigerten Lebensfreude führt. Die Frage dazu wäre: WER will etwas erleben und warum?

Der Erlebnishunger als solches kann nie gestillt werden, bzw. nur vorübergehend. Jedes Erlebnis ist im Grunde nichts weiter wie ein Aperitif, dem eine wirklich sättigende Hauptmahlzeit versagt bleibt. Von daher bleibt der Erlebnis-Hunger immer ungestillt. Abstinenz aufgrund von Erkenntnis oder Einsicht kann diesen Hunger auflösen.

\* \* \*

2019-09-10

Es scheint tatsächlich zu funktionieren, dass, wenn ein Gedanke nicht weitergedacht wird, er einen auch nicht verfolgt oder an einem kleben bleibt. Schließlich ist es ja auch nur ein Gedanke, ein physikalisch messbarer Wert, wissenschaftlich gesehen. Und von solch biochemischem Prozess lassen wir uns auch noch vereinnahmen. Irgendwie absurd oder?

2019-11-02

Wenn vom Stärken des Selbstbewusstseins, von einem starken Selbstbewusstsein die Rede ist, so ist im Allgemeinen die Rede vom Ich. Ich will resolutes Auftreten, ich will mich zur Wehr setzen (verbal), ich will meine Bedürfnisse artikulieren, usw.

Was, wenn mit jeder "Stärkung des Selbstbewusstseins" tatsächlich eine "Schwächung des Selbst-Bewusstseins" stattfinden würde.
Wenn also mit jeder Stärkung des Selbstbewusstseins dem Selbst das Bewusstsein über sich selbst genommen wird. Oder warum heißt es so treffend:
Erinnere dich, WER du wirklich bist!

\* \* \*

17.11.2019

Erforsche den wahren Ursprung der Gedanken.

Gedanken, die du für deine hältst, scheinen es nicht zu sein, nicht deine. Womit gemeint ist, dass der oder die für den/die du dich hältst, scheinbar die Gedanken erzeugt, was im Allgemeinen als Denken bezeichnet wird. Gedanken, die angenehm sind werden nicht in Frage gestellt, bis Gedanken erscheinen, die unangenehm sind und so gut wie gar nicht wegzudenken sind. Du kannst sie nicht einfach wegdenken, nicht blockieren, nicht durch andere ersetzen. Sie erscheinen ungefragt ähnlich wie Regen oder Schneefall. Ein Schirm schützt dich vielleicht vorm Nasswerden, doch der Regen fällt nach wie vor. Selbst Ablenkung schafft meist keine Abhilfe, sprich, die unangenehmen Gedanken sind immer noch da.

Wenn du nun, wie du zu meinen scheinst, Gedanken erzeugen und weiterdenken kannst, warum kannst du sie dann nicht auch einfach stoppen? Du versuchst es zwar mit allmöglichen Mitteln, wie Ablenkung, Alkohol, Drogen, Sex oder anderem, doch hilft es dir? Lassen sich Gedanken tatsächlich von dir aufhalten, abwenden oder gar nicht erst erscheinen?

Erforsche es. Gehe ihnen, den Gedanken, auf den Grund. Wer denkt sie wirklich und wer empfängt sie? Und wenn du schon dabei bist, dann frage auch danach, WER das ist, der denkt, der sie empfängt oder erzeugt.

* * *

26.11.2019

Selbst wenn aus dir werden könnte, was du mal sein möchtest, so wärst du immer noch nicht, was du tatsächlich bist.

* * *

27.11.2019

Wie vielen Menschen begegnest du am Tag? Wen davon kennst du wirklich? Wessen Geschichte kennst du tatsächlich? Von wem weißt du, woher er kam und wohin er gehen wird? Wie verändert jede Begegnung den weiteren Ablauf deines Tages?

Die korrekte Antwort auf alle Fragen wäre:

Ich weiß es nicht!

Und doch gibt es Menschen, die behaupten ihr Leben in Griff zu haben.

* * *

11.12.2019

Was bedeutet "echt sein"?

Echt sein kann nur der, der weiß, dass er nicht echt ist. Das, was jemand meint zu sein, ist immer eine Illusion, ein Irrglaube, ohne zu wissen, dass er oder sie als Person nie echt sein kann, sondern nur als Selbst, welches durch eine Person wirkt.

* * *

15.12.2019

Der Wunsch nach einem Jungbrunnen sei ja noch verständlich oder nachvollziehbar. Doch der Wunsch nach ewigem Leben beruht einzig darauf, dass du schon immer ewig warst, bist und sein wirst, jedoch hast du dich in die Person verloren, die du meinst zu sein. Somit bist du zu einem Mitglied in der größten Glaubensgemeinschaft geworden - der Egozentrik, die das Ego ins Zentrum rückt und das ewige Sein vergessen hat.

* * *

20.12.2019

Ein Mensch, der sich seine eigene Welt erschafft und auch darin lebt, ist nicht selten ein Fall für die Psychiatrie. Die Psychologie geht davon aus, dass dieser Mensch nicht mehr in seiner realen Welt lebt, sondern sich eine Scheinwelt erschaffen hat.

Was, wenn sich Psychiater selbst in einer Scheinwelt befinden, ohne es zu wissen, geschweige denn zu akzeptieren? Nun, dann versucht ein Ver-Rückter einen anderen Ver-Rückten zurechtzurücken. Dies kann indes nie gelingen, da sich ja per se beide ver-rückt haben. Der Eine weiß es und der andere glaubt nicht, dass dem so ist. Womit beide richtigliegen, denn es ist eben nur eine Scheinwelt, in der alles geschieht und gleichzeitig nichts geschieht.

Drum merke: Auch Psychiater spielen nur Theater!

28.12.2019

Das ganze "Drama" deines Lebens entsteht nur, weil Du nach einem Sinn suchst, den es nicht gibt und Ziele verfolgst, die keinen Bestand haben. Weder ein Sinn, noch ein Ziel können dir "sagen" wer du bist. Denn ein Sinn ist immer nur ein Konzept, um deine Existenz zu rechtfertigen, die ja schon allein durch dein Dasein gerechtfertigt ist. Wozu also noch einen anderen Grund oder Sinn suchen wollen?

Ziele zu setzen begrenzen dich nur, denn du bist mehr als die Erreichung eines Ziels. Ein Ziel erreichen bedeutet noch lange nicht "angekommen" zu sein oder etwas vollendet zu haben. Es kann immer nur eine Begrenzung deines tatsächlichen Seins bedeuten.

Dein Problem ist nicht, kein Ziel zu haben oder keinen Sinn zu finden, sondern dich als getrennt zu empfinden, indem du dich mit dem Körper und seiner kurzen Lebensspanne identifizierst. Das Sein war vor dir und wird nach dir noch sein. Also sei einfach. Erfahre das Sein und lass alles andere sein.

* * *

29.12.2019

Wann immer der Gedanke auftaucht, ich müsse etwas Anderes tun wie das, was ich grad tue, besinne ich mich darauf, dass es nicht mein Gedanke ist. Dieser oder ähnliche Gedanken tauchen auf, erscheinen, doch nicht als Resultat einer Überlegung, sondern wie ein Blitz aus heiterem Himmel sozusagen.
Wenn nun der Gedanke nicht von mir ist, wie sollte ich dann (m)ein Tun kontrollieren?

Ergo akzeptiere und nehme ich an, was und wie ich gerade etwas tue. Eine Wahl steht mir nicht zur Verfügung, höchstens im Verstand, der, wie bekannt, auch nicht von mir kontrolliert wird.

Es ist eine nachhaltige Erleichterung, sich um nichts mehr kümmern, keine Korrekturen oder Änderungen vornehmen zu müssen. Selbst das Planen von Aktivitäten, sozialen und/oder gesellschaftlichen Interaktionen ist nicht nötig. Das mysteriös erstaunliche dabei ist, es funktioniert trotzdem alles - bis ins kleinste Detail.

\* \* \*

30.12.2019

Sei wie ein Baby, ein Kleinkind. Es erlebt das Leben, ohne es zu bewerten, ohne es zu etikettieren, ohne zu urteilen. Es kennt kein gut oder schlecht, kein lieb und böse, kein warm oder kalt, kein oben und unten.

Es erlebt ganz einfach das, was ist. Es weiß noch nicht einmal, dass es in dem kleinen Körper steckt. Es erlebt jeden Moment aufs Neue.

Sei wie ein Baby, ein Kleinkind und du bist frei von allem was du im Laufe (d)eines bisherigen Er-Lebens angehäuft hast.

Jahre, Jahrzehnte hat dein Umfeld und schließlich du selbst dafür gesorgt, dass du dich für dieses Staubkorn im Universum, Mensch genannt, hältst. Dabei bist du das Universum selbst, welches sich in diesem Staubkorn verloren hat, vergessen hat, wo es herkam und was es ist.

Einem Baby ist das noch bewusst, es ist frei von allem, was eine persönliche Identität bekunden könnte. Es ist. Nicht mehr und nicht weniger.

Drum sei wie ein Baby, sprenge das Staubkorn und sei wieder das Universum, ohne zu wissen, dass du es bist. Das ist die absolute Freiheit, die keine Definition braucht und noch weniger ein Konzept. DU bist! Das ist alles... ;-)

31.12.2019

Du kannst nicht leben, wenn du dir Sorgen machst. Das, was du Leben nennst, während du Aktivitäten ausübst, die dir eine freudig bis ausgelassene Stimmung bescheren sollen, ist kein Leben. Das ist ein Schattenspiel, ohne Ende. Du gehst Tanzen, Schwimmen, Bergsteigen, auf Konzerte und was weiß ich was. All dies tust du nicht, weil es dir gut geht, sondern weil es dir nicht gut geht. Du versuchst dir den Kick für dein Leben von außen zu holen. Doch der Schatten deiner Sorgen und Ängste wartet schon auf dich, wenn das Konzert zu Ende ist, der DanceClub schließt, der Urlaub vorbei ist.

Das, was im Allgemeinen Leben genannt wird, ist den meisten unbekannt. Jenseits ihrer Vorstellungskraft ergießt sich Leben in jeder Sekunde neu, frisch, spontan. Es ist frei von allem, frei von Wertungen, Wünschen, Vorstellungen. Es IST ganz einfach. Doch das nimmst du nicht wahr, solange der Schatten aus Sorgen, Ängsten, Wünschen, Vorstellungen usw. dir quasi die Sicht verschleiert.

Lass alle Sorgen los, mach dir keine Vorstellungen über irgendetwas, hege keine Wünsche und Sehnsüchte, das "Leben" regelt alles von selbst. Ja, lass los und hab Vertrauen ohne Aussichten, dann wirst du erfahren wie es tatsächlich ist zu leben. SEI ganz einfach, SEI, SEI jetzt und du bist frei.

\* \* \*

06.01.2020

Genuss ohne Nachspiel...

Egal was und wie du etwas tust, genieße es. Egal was andere darüber sagen oder denken, genieße es.

Ja, du kannst wirklich alles genießen - OHNE Reue, ohne Bedauern, ohne schlechtem Gewissen, ohne Bedenken, ohne es zu werten oder sonst wie zu kommentieren.

Genieße um des Genießens Willen.

Reue, Bedauern, schlechtes Gewissen und so weiter, sind nichts weiter als Konzepte, die über das, was du tust oder getan hast gestülpt werden.

Sie ändern rein gar nichts an dem, was und wie du etwas getan hast, geschweige denn den Genuss, den du dabei empfunden hast.

Genieß, was immer du genießen kannst, denn du bist frei von jedem Konzept, von jedem Urteil, von jeder Wertung. Was geschieht, geschieht genauso, wie es geschehen soll. Ergo gibt es dazu nichts weiter zu sagen, zu bedenken, zu werten, zu urteilen oder wie auch immer. Es ändert nichts!

Lass los von Gedanken wie, das hätte ich nicht tun sollen, hätte ich doch nur, warum habe ich nicht, wie konnte ich nur, usw.

Du bist absolut frei, alles zu tun, was du willst - ohne Reue, ohne Bedauern, ohne Zweifel. Es gibt nur einen "Haken" - Du kannst nicht wollen, was du willst, denn es ist stets der Wille der Quelle, des Einen, der Gott, Allah, Buddha, Krishna, Jehova genannt wird. Von daher lass es sein, über das, was du tust oder getan hast zu urteilen, zu werten oder wie auch immer. Lass das Konzept-Denken sein und sei frei zu tun, was du willst.

* * *

09.01.2020

Der Mensch träumt von einem sorglosen Leben, was für ihn im Allgemeinen bedeutet, dass es keine gibt, bzw. keine Ursachen dafür. Doch dies wird ein ewiger Traum bleiben, für ausnahmslos jeden Träumer. Kein Geld, keine Macht, kein Status, keine Berühmtheit oder sonstige Privilegien bescheren einem ein sorgloses Leben. Sie alle hegen und pflegen ihre Sorgen im Kleinen, wie im Großen.

Indes besteht die Möglichkeit des Erwachens aus dem Traum und damit einher geht auch ein tatsächlich sorgenfreies Leben. Nicht etwa, weil sie weniger werden oder es keine Ursachen mehr gäbe. Nein, weil sie dich nicht mehr tangieren. Sie berühren dich einfach nicht mehr, weil du nichts mit ihnen zutun hast. Du bist frei von all den persönlichen Empfindungen, ob Sorge, Leid, Trauer, sich Verletzt fühlen, usw. Es berührt dich einfach nicht mehr, weil du siehst und erkennst, dass all das nicht du sein kannst, nicht du bist. Zieh den Finger aus der Handpuppe, die angeblich du sein sollst und augenblicklich siehst du, was tatsächlich ist, wie es tatsächlich ist. Eine Art Puppentheater, in dem alles erlaubt ist, es keine Zweifel oder Skrupel gibt, keine Wertungen, kein Urteilen, nichts - absolut nichts davon. Einzig die Identifizierung mit einer dieser Puppen lässt dich all das Leid, wie auch die Freude erleben, die du für real hältst, weil du träumst diese oder jene Person zu sein, ohne zu merken, dass du träumst.

Siehe die Träume, die du während des Schlafens erlebst. Für wie echt hältst du sie? Für so echt, dass du Schweiß gebadet aufschreckst, um festzustellen - es war nur ein Traum. Dabei bist du immer noch in einem Traum, in einem Tagtraum, den du nicht als solchen erkennst. Drum wache auf und erkenne, dass du nicht die Person im Traum bist, weder die eine, noch die andere.

Möge die Gnade des Erwachens mit dir sein.

\* \* \*

09.01.2020

Der freie Wille

Dein Wille, was ist das? Wo kommt er her, worauf basiert er?

Dein scheinbarer freier Wille ist nichts anderes als eine Reaktion auf etwas, dass du entweder schon erfahren hast oder noch nicht erfahren hast. Von daher willst du es für dich. Des Weiteren ist der scheinbar freie Wille auch eine Reaktion auf Basis deines angehäuften Wissens. Hinzu kommen noch deine Sinneseindrücke, aus denen dein Wollen entsteht. Du siehst also, dass dein scheinbar freier Wille nichts weiter ist, als eine Reaktion, die dich entweder etwas für dich oder für andere wollen lässt. Ergo kann solch Wille nicht frei sein.

Ein tatsächlich freier Wille kann nur aus dem Nichts entstehen, wo es keinerlei Grundlagen gibt, aus denen sich ein Wille als Reaktion erzeugen könnte. Solch freier Wille, der aus dem Nichts entsteht, will somit nichts. Was sollte ein Wille ohne jegliche Grundlage auch anderes wollen als nichts. Es kennt nichts, weiß nichts und braucht nichts.

So gesehen ist freier Wille ein Konzept menschlicher Existenz, indes keineswegs etwas, das dem Selbst entspringen könnte, da es für sich selbst nichts wollen könnte. ES ist und mehr braucht es nicht. DU bist und mehr brauchst auch du nicht. Also SEI einfach, ohne etwas zu wollen.

\* \* \*

10.01.2020

So wenig erfolgreich es ist, wenn eine Frau Schokolade vor sich selbst versteckt, so wenig erfolgreich ist es, wenn du dich vor/von der Person, die du meinst zu sein, verstecken willst. Nimm es gelassen, nimm es mit Heiterkeit und lache darüber. Das kann sehr befreiend sein.

\* \* \*

16.01.2020

Du träumst vom Paradies, wo dir alles zufällt und du dich um nichts kümmern brauchst. Du sehnst dich danach, mal alles fallen zu lassen und einfach nur zu sein, ohne Reue oder schlechtem Gewissen. Du träumst, ersehnst und hoffst auf etwas, dass du schon längst hast, bzw. haben könntest, wenn du nur realisieren würdest, dass für wirklich alles gesorgt ist/wird. Was nun nicht bedeutet, dass alles Friede, Freude und Eierkuchen ist. Nein, es bedeutet schlichtweg, dass du dich um absolut nichts kümmern brauchst. Keine Sorgen, keine Probleme, denn alles regelt sich von (vom) selbst. Ja, du kannst dich tatsächlich entspannen und alles dem Selbst überlassen. Lass los, wach auf und erkenne, dass es bereits schon immer so war in deinem Leben.

Hat sich nicht das eine und andere wie von Zauberhand gelöst/aufgelöst, obwohl du dir zuvor den Kopf zermartert hast? Haben sich Lösungen von selbst ergeben, an die du nicht mal im Traum gedacht hättest? Hat das Leben dir nicht nur mehr als einmal etwas zugespielt, was dich in Verzückung versetzt hat?

Wenn du nur eine dieser Fragen mit JA beantwortest, dann gestehst du dir somit ein, dass es eine Art "höhere Macht" geben muss. Es gibt sie und du suchst danach in Religionen, esoterischen Lebensformeln und dergleichen. Doch würdest du je auf den Gedanken kommen, dass DU selbst diese Macht bist? Gefesselt und geknebelt in einer menschlichen Existenz, die du dein Leben nennst, die du als Person erlebst und ein kümmerliches Dasein fristest, obwohl du ALLES bist, was ist. Erinnere dich woher du kommst, was die Quelle von allem ist. Wach (endlich) auf und lebe, statt nur zu existieren.

\* \* \*

17.01.2020

Entspann dich. Lass die Gedanken Gedanken sein. Gefühle kommen und gehen, ziehen weiter, doch du bleib heiter. Halte an nichts fest, lass alles ziehen und sei im Jetzt, denn mehr wirst du nie haben.

\* \* \*

22.01.2020

Du denkst, Leben sei die Spanne zwischen Geburt und Tod. Nicht weiter tragisch, denn so denken die meisten Menschen.

Sicher gehst du ab und an in einen Wald oder Park spazieren. Jahr für Jahr suchst du ihn auf und es scheint stets der gleiche Wald/Park zu sein. Du bemerkst indes nicht, wie viele Pflanzen und Tiere "gestorben" sind, weil jedes Jahr neue Tiere geboren werden und Pflanzen wachsen. Der Wald/Park erscheint somit wie "unsterblich". Denn darin sind vor 100-150 Jahren Menschen spazieren gegangen und vor 500-1.000 Jahren haben Menschen darin essbare Pflanzen gesammelt und Tiere gejagt. Dennoch scheint es immer der gleiche Wald zu sein. DAS ist Leben. Nicht die Spanne zwischen Geburt und Tod, sondern die gesamte Existenz aller Erscheinungen. DAS ist das Leben selbst, welches sich in allem und jedem ausdrückt, entfaltet und stets erneuert.

Wäre Leben tatsächlich nur die kümmerliche Spanne zwischen Geburt und Tod, dann hast du das Leben noch nicht wirklich verstanden. Deswegen hältst du an einer temporären Erscheinung, die du dein Leben nennst, fest. DU bist die Gesamtheit allen Lebens, aller Erscheinungen und verlierst dich in einer einzigen Erscheinung, Mensch genannt, wodurch du all die Freuden und Leiden erfährst, die du Schicksal nennst. Statt ALLES zu sein, bist du als Mensch nicht mal ein Staubkorn im Universum. Wäre das nicht ein Grund aufzuwachen und zu erkennen, WER du wirklich bist?

24.01.2020

Du denkst vielleicht, dass einfach nur Sein bedeutet, keine Sorgen oder Probleme zu haben. Dem ist jedoch nicht so. Einfach Sein bedeutet frei von all dem zu sein, indem du dich nicht mehr mit der Person, die angeblich Sorgen und Probleme hat, identifizierst.

Der Verstand wehrt sich vehement dagegen bedeutungslos zu sein und nur noch für Rechenaufgaben und ähnlichem dienlich zu sein. Er impliziert dir immer wieder mit allen ihm zur Verfügung stehenden Möglichkeiten, dass du ein Mensch bist, eine Person, die all das erlebt, was sie erlebt. Dass du dich in diese Person verloren hast, ohne dich daran zu erinnern, dass du selbst es warst, der die Person erschaffen hat. Es ist, als würdest du eine Handpuppe nehmen, damit jemandem etwas vorspielen und plötzlich der festen Überzeugung sein, du wärst diese Handpuppe. Dass du von nun ab allem quasi ausgesetzt bist, erfreut den Verstand, denn er kann gegen alles Mögliche wettern, kritisieren, es besser wissen, versuchen zu korrigieren und so weiter. DAS ist es, was es dir fast unmöglich macht, einfach nur zu sein. Du denkst, dich gegen Angriffe wehren zu müssen, deine Person zu behaupten in der Masse der Menschen, Dinge erledigen zu müssen, Pläne schmieden, Ziele setzen und etliches mehr. Doch all dies ist immer noch die Handpuppe, die das denket und nicht du. Du erzeugst diese Gedanken, ohne es zu wissen und glaubst dann noch, es seien deine Gedanken. Ergo hast du keine andere Möglichkeit, als darauf zu reagieren.

Lass all das los. Vergiss, für Irgendetwas verantwortlich zu sein, vergiss, dich um alles Mögliche sorgen zu müssen und gar Probleme anderer lösen zu müssen. Du bist nicht das Sorgenkind der Nation, du bist frei von all dem. Das, was sich jetzt dagegen wehrt ist nur der Verstand, der dir beharrlich einreden will, ich rede Unsinn, weil du felsenfest von dir als Person überzeugt bist.

Nun, es gibt die Möglichkeit, es auszuprobieren indem du dich nicht mehr um alles Mögliche kümmerst und schaust, was geschieht. Ich gehe jede Wette mit dir ein, dass die Dinge sich auch ohne dein zu tun regeln werden. Es war schon immer so und wird immer so sein, nur hast du vergessen wie es ist, einfach nur zu Sein.

* * *

03.02.2020

Sicher ist dir Langeweile nicht nur bekannt, sondern auch etwas Vertrautes. Du fragst dich, was könnte ich tun? Des Weiteren stellst du manchmal deine Aktivitäten in Frage, fragst nach einem Sinn dessen, was du tust. Oder du meinst, etwas tun zu müssen, weil das eine oder andere Konzept es dir quasi abfordert.

All das kannst du getrost vergessen, es sein lassen, besser noch, es loslassen. Stattdessen erfreu dich einfach am Sein. Sage dir nichts weiter wie: ICH BIN.

Völlig egal, was du gerade tust oder nicht tust, was du denkst, was du meinst tun oder sagen zu müssen. Vergiss das alles und sei einfach. Erfreue dich am ICH BIN!

Mehr ist wirklich nicht zu tun und du wirst feststellen, erkennen, dass sich dennoch etwas tut. Du kannst nicht nichts tun, weil sich immer etwas tut. Der Körper agiert, der Verstand wird von Gedanken regelrecht belagert, doch das kann dir egal sein. Sei einfach und schau zu, was sich alles tut. Werte es nicht, kritisiere es nicht, versuche nicht, es ändern zu wollen oder sonst wie Einfluss darauf zu nehmen. Auf diese Weise wirst du unweigerlich erkennen und akzeptieren, dass du nichts tun kannst, außer einfach nur sein.

Erfreue dich am ICH BIN! Nicht mehr und nicht weniger. Alles andere kannst du getrost loslassen, denn DU BIST!

22.02.2020

Alles, was über das ICH BIN hinausgeht, bist nicht mehr DU.
Wenn der Gedanke auftaucht, ...
ich bin glücklich,
ich bin traurig,
ich bin schön,
ich bin hässlich,
ich bin sportlich,
ich bin faul,
ich bin erfolgreich,
ich bin ein Versager,
ich bin ein Star,
ich bin ein Niemand,
usw., dann ist das IMMER die Person für die du dich hältst,
doch niemals du selbst.

Wenn du das einmal verstanden und akzeptiert hast, werden
solch Etiketten bedeutungslos für dich.

Dein Erleben des Lebens wird leichter, unbeschwerter, weil
nichts mehr davon dich verärgern, traurig oder glücklich
machen kann. DU BIST, das ist alles was von Bedeutung ist,
was von Bedeutung für dich sein sollte.

\* \* \*

23.02.220

Das, was du dein Leben nennst, spielt sich überwiegend in
deinem Kopf ab. Ja, du siehst zwar manches, was um dich
herum geschieht, doch mehr noch hörst und liest du, was dir
sozusagen zugetragen oder angeboten wird. (aus/von
Familie/Freunde/Bekannte/WhatsApp/Medien/u.v.m.)

Für den Verstand sind, dass alles eine Art Leckerbissen, die
er schier pausenlos kommentiert, analysiert, wertet, be-
/verurteilt und sich aus all den Informationen eine virtuelle
Welt in deinem Kopf erschafft, die zumeist mit dem

tatsächlichen Geschehen kaum bis gar nicht identisch ist. In dieser virtuellen Welt lebst du oder glaubst es zumindest, dass dem so ist.

Das Gedankenkarussell zeigt dir mögliche Zukunftsszenarien oder gar wie es jetzt bei jemand anderen sein könnte, ohne in dessen Nähe zu sein. Dazu gesellen sich dann Sorgen um etwas, was du nicht kontrollieren kannst, Ängste vor etwas, was dir nichts anhaben kann, u.s.w.

Wie sich immer wieder zeigt, kommt es eh anders, wie gedacht und zum Wohle jenem, der dann darüber lacht. Zwar bewegt sich dein Körper und agiert hier und da, doch die Welt in deinem Kopf scheint präsenter zu sein, wie die, die sich um dich herum in jedem Moment entfaltet. Du siehst es kaum, bemerkst es nicht mal, weil dir deine virtuelle Welt im Kopf wichtiger ist.

Während sich das Leben in jedem Moment entfaltet und du im Grunde nicht wissen kannst, was als Nächstes geschieht, wodurch du dich ständig aufs Neue überraschen lassen könntest, sozusagen mit dem Fluss des Lebens schwimmen, stehst du am Ufer und schaust auf den Fluss, ohne zu erkennen, was alles darin geschieht. Wie alles kommt und geht, nichts beständig ist und permanent durch anderes ersetzt wird. Während all dem versuchst du das eine und/oder andere festzuhalten, es zu analysieren, kommentieren, werten und eh du dich versiehst bist du alt geworden und fragst dich, wo dein Leben geblieben ist. Du suchst in deinen Erinnerungen und hältst das dann für dein Leben. Schon wieder bist du in einer virtuellen Welt, die du deine Vergangenheit nennst.

Wann willst du damit aufhören und endlich tatsächlich leben? Ich meine damit, sich um nichts zu sorgen oder ängstigen, der virtuellen Welt in deinem Kopf keinen Glauben mehr schenken. Ja, du glaubst, dass alles so ist oder sein könnte, wie es sich in deinem kleinen Kopf auf den Schultern gestaltet. Bleibe bei dir und lass die Gedanken Gedanken sein, ebenso die Sorgen. Mit dir ist sicher nicht dein persönliches Ich gemeint, sondern du selbst. Du ahnst, dass du nicht der Körper sein kannst. DU ahnst, dass es eine Art "höhere Macht" geben muss, die alles leitet und versorgt. Doch der Verstand gibt das Zepter nicht ab und behält weiterhin die Kontrolle über dich. Befrei dich von ihm, indem du ihm nicht mehr glaubst, was er dir vorgaukelt. Denn, wie sich oben bereits gezeigt hat, ist es eine virtuelle, die er dir nicht nur anbietet, sondern quasi aufdrängt. Aus Angst davor, sich völlig rückhaltlos, ohne Netz oder Führungsseil, dem Leben zu übergeben, vertraust du lieber dem Verstand. Denn dieser hat dich ja bis dahin gebracht, wo du heute bist/stehst. Und? Bist du glücklich darüber, was er alles mit dir gemacht hat, während das eigentliche Leben an dir vorbeigezogen ist? Kannst du wirklich sagen, du hättest ein tolles Leben gehabt oder waren/sind das doch alles nur virtuelle Bilder und Welten?

* * *

03.04.2020

Du akzeptierst zwar, dass es einen Gott gibt oder gar geben muss, mal abgesehen davon welcher Gestalt, doch du möchtest ihm nicht alles überlassen. Sprich, du willst dein sogenanntes Ruder nicht aus der Hand geben. Zwar mag es so erscheinen, als ob du dadurch dein Leben selbst bestimmst, doch in Wahrheit schaffst du damit nur eines – die Trennung. Trennung zwischen dem was du meinst zu sein und dem, was du tatsächlich bist. Die Ich-Vorstellung ist der Beginn der Trennung. DU denkst, DU handelst, (d)ein Tag wird bestimmt von den drei Ich-Begleitern: mir – mich – meins.

Morgens erwachst du und meinst Herr all dessen zu sein, was mit dir geschieht. Von daher sind diese drei Worte so bedeutungsvoll für dich. Mir geht´s gut oder nicht gut, Mich ärgern gewisse Dinge und das Leben ist Meins.

So gerüstet kann es doch nur zu all dem führen, was du dann später Schicksal, Unglück, Glücksfall, Zufall, bis hin zu – dafür konnte ich nichts, es war er/sie oder sonst was nennen wirst. Das Leben lebt sich selbst, Gott lebt sich selbst und du versiehst alles mit Etiketten, Urteilen und Wertungen. Statt dich also als das zu erleben, was du bist, erzeugst du immer wieder aufs Neue den Ich-Gedanken und erfährst dadurch Trennung und Leid.

Selbst mit dieser Erkenntnis bist du immer noch nicht bereit, die Trennung aufzuheben, sie aufzugeben, weil du immer noch daran glaubst, du könntest etwas bewirken und Gott passt auf dich auf oder soll dir mal im Mondschein begegnen.

Wann willst du dir endlich eingestehen, dass es so nicht funktioniert, dass du einfach alles abgeben solltest, um frei zu sein?

* * *

19.04.2020

Wenn du anscheinend schlecht drauf bist, miese Laune hast, bedrückt bis deprimiert bist und meinst, so würde es den ganzen Tag über sein, dann ist dies nur der Zustand des Körpers, nicht jedoch deiner. Es fällt dir schwer, dass anzunehmen und zu beobachten, weil du immer noch davon überzeugt bist, du seist dieser Körper. So dann ist es DEINE schlechte Laune, DEIN mies drauf sein oder DEINE Depression. Wer bitte ist dieses DEIN, wer soll das sein? Die Laune, die Stimmung, das Gemüt oder der ganze Körper? Nichts von dem bist du, du erlebst es nur so, als seist du es.

Nimm Abstand, beginne zu beobachten ohne zu werten, schau dir einfach an, was geschieht und halte den Abstand. Du wirst unweigerlich sehen und erkennen, dass gänzlich ohne dein Zutun sich Stimmungen, Gemütszustände nicht nur verändern, sondern gar verschwinden. Ja, sie verschwinden genauso wie sie gekommen sind, aus dem Nichts ins Nichts. Frage dich, was dieses Nichts ist, wo all dies herkommt. Frage dich nicht, was du gegen schlechte Laune tun kannst, kümmere dich nicht um Details, frage nicht nach Sinn und Zweck – all dies verstrickt dich nur mit dem Körper und seinen Gemütszuständen. Bleib bei der Frage, WO alles herkommt, forsche nach der Quelle all dessen. Und schon alleine das wird dein Gemüt verändern.

\* \* \*

17.05.2020

Du kannst (d)ein mentales Problem nicht mit dem Verstand lösen. Denn es ist ja erst in (d)einem Verstand entstanden. Ergo gilt es, das Übel bei der Wurzel zu packen.

Ob du dich nun ärgerst oder traurig bist, jedes Mal begibst du dich damit in die Person, die du nicht bist. Ärger, Missstimmung, schlechte Laune bis niedergeschlagen und Traurigkeit sind Magneten für den Verstand, der dich glauben machen will, du seist diese Person, die all dies empfindet.

Bei solch Gemütszuständen kann es ein Kraftakt sein, sich darauf zu besinnen, dass es im Grunde nichts mit dir zu tun hat. Da du es scheinbar selbst erlebst, scheint es keinen Ausweg zu geben. Doch du kannst das Ganze so betrachten, als beträfe es dich nicht. Ja, schau dir an was passiert, welche Gefühlsregungen auftauchen, ohne dich darin zu verlieren. Mit der Zeit wirst du feststellen/erkennen, dass all dies quasi an dir vorbeizieht. Du sitzt am Bahnhof und die Züge fahren ein und wieder weiter. Lass sie fahren, ohne einzusteigen. Egal ob es der Zug der Wut ist oder der Traurigkeit. Sicher gibt es in jedem Abteil freie Plätze, doch du musst nicht einsteigen, da du ja nirgends hinwillst. Für dich gibt es keine Station, keinen Endbahnhof oder sonstiges Ziel. Einzig das Erwachen, das Erkennen, dass du all das nicht bist. So kannst du gelassen am

Bahnhof sitzen und dir die Züge anschauen, wie sie einfahren, kurz verweilen und wieder weiterfahren.

* * *

25.05.2020

Mach dich damit vertraut, dass du nichts bewirken kannst, du keinerlei Einfluss auf irgendetwas hast. Du hast auch keine Entscheidungsmöglichkeit, wenngleich es so erscheinen mag - denn das, was geschehen soll, steht bereits fest, noch bevor es dir bewusstwird. Diese Spanne nutzt der Verstand, um dir eine Wahlmöglichkeit vorzugaukeln, quasi eine Illusion davon etwas selbst entscheiden zu können. Gewöhne dich daran, dass alles was geschieht, so geschieht, wie es geschehen soll.

Jeder Widerstand, jedes "anders haben wollen", jedes Wunschdenken, jedes nicht Annehmen dessen was ist, erzeugt Leiden. Mit aller scheinbaren Macht möchte man dies gerne so und anderes eben anders. Man wünscht sich dies und das, in der Annahme, es täte einem gut, sorge für das eigene Wohlbefinden. Indes ist es für den Verstand gänzlich unmöglich alles mit einzubeziehen, um ihm eine Entscheidungs- oder gar Handlungsmöglichkeit zu gewähren. Chaos wäre die Folge. So aber herrscht Ordnung, ja sogar Harmonie in allem was und wie es geschieht. Nur können wir es nicht erfassen und fangen an, Ereignisse zu werten, ihnen also einen Wert beizumessen, wir kritisieren und meinen das ein oder andere besser zu wissen. Meinen sogar, dass wenn jemand anders gehandelt hätte, es anders gekommen wäre. All dies sind Inszenierungen, Kopfkino von etwas, wie es sein sollte unserer Meinung nach, nur, weil wir nicht akzeptieren können/wollen, dass nichts in unserer Macht liegt.

Demut ist ein Schlüssel. Entwickle und kultiviere Demut darüber, dass alles ok ist, wie es ist, dass alles richtig ist und jeder genau das tut, was er tun soll. Du kannst die Komplexität allen Zusammenwirkens niemals mit dem Verstand erfassen, geschweige denn in irgendeiner Form eingreifen. Von daher bleibt dir nur, dich in Demut zu begeben.

Mit der Zeit wirst du eine tiefe Erleichterung verspüren, dich um nichts kümmern zu müssen, nichts korrigieren zu müssen, keine Fehler beheben zu müssen, dich für nichts verantwortlich fühlen zu müssen, also auch kein Schuldempfinden mehr. Du brauchst dich für nichts selbst vor den Kadi ziehen und anklagen. Alles was zu tun ist, ist sich in Demut zu begeben. Sich dem Göttlichen – deinem wahren Selbst - hinzugeben, die alles regelt, alles steuert, für alles sorgt. Also entspann dich und sei einfach. Sei und sieh was ist, was geschieht, ohne eingreifen zu wollen, ohne zu werten oder kritisieren. Und siehe da, es funktioniert trotzdem alles. Du weißt das schon längst und hast dich gar selbst schon darüber gewundert, wie das alles so funktioniert, auch ohne dein zutun. Ist es nicht so?

* * *

01.07.2020

Oft genug scheint es, als könntest du etwas bewirken, indem du deine gedachte Entscheidung, Überlegung oder was auch immer, umsetzt. Es hat dann den Anschein, als seist du der/die aktive Handelnde. Was du indes nicht weißt, ist, dass sich in diesen Fällen, das Denken mit dem Geschehen deckt. Das, was geschieht, würde auch ohne das Denken geschehen. Nur die Vorstellung, du seist diese Person, die all das tut, hält den Schein aufrecht. Du verlierst dich dadurch immer wieder aufs Neue in eine Person, den Körper, wenn du so willst, ohne es zu sein.

So wie du dich vielleicht in einem Film, einem Buch, einem Urlaubsort und Träumereien verlierst, so verlierst du dich in das Menschsein. Als Mensch weißt du, dass es Träumereien sind und nicht selten eine Flucht aus deinem Leben wie es ist, weil du das eine oder andere gerne anders hättest.

Das, was du tatsächlich bist, verliert sich ebenso ins Menschsein. Der Unterschied ist, dass du vergessen hast, wer/was du wirklich bist und somit wenig Chancen hast, dich aus dem (Alp-)Traum zu befreien. Als Mensch erkennst du den Traum, doch das Selbst hat sich dermaßen ins Menschsein verloren, dass ES sich selbst regelrecht vergessen hat.

Kein Gedanke, keine Handlung kann dich wachrütteln. Lediglich das Erkennen dessen, was wirklich ist und was du alles nicht bist, lässt dich wieder daran erinnern, wer du tatsächlich bist und das du mit alldem, was geschieht nichts zu tun hast. Du erlebst es nur als eine Art unfreiwilliger Beifahrer und bist selbst zum Fahrer geworden, der du doch nie sein kannst. Denn auch der Fahrer ist nur eine Illusion, ein Traum.

\* \* \*

11.07.2020

Sprenge den Rahmen des Herkömmlichen, des Gewohnten und der Konzepte. Sie bilden tatsächlich einen Rahmen, innerhalb dessen man sich sozusagen bewegt und lebt. Alles, was hinter dem Rahmen ist und das ist mehr als zu erahnen ist, bleibt unberührt, unbedacht und ungelebt. Das ist die Begrenzung, die sich jeder Mensch selbst auferlegt in der Annahme, es wäre die Normalität. Deswegen fällt es so schwer den Rahmen in Frage zu stellen und sich zu befreien.

\* \* \*

24.08.2020

Die ganze Welt ist eine Welt der Erscheinungen, die auf die eine oder andere Art interpretiert, gedeutet und wahrgenommen wird. Selbst im Nebel lassen mitunter Figuren erkennen, die als nebulöses etwas erscheinen. Nebel ist Nebel, eine Wolke ist eine Wolke und weder ein Schaf, noch ein Einhorn oder sonst etwas. Doch dieses bloße Schauen ist verloren gegangen. Wir sehen nicht mehr was ist, sondern was wir sehen wollen und woran wir uns erinnern, doch klares frisches Sehen ist nicht vorhanden. All dies geschieht aus Angst, ins Leere, ins Nichts zu fallen. Deswegen halten wir an allem Möglichen fest, um uns zu orientieren. Die Vorstellung, ins Nichts zu fallen, ist uns ein Graus, weil es dort nichts gibt, woran man sich festhalten oder orientieren könnte. Bloßes Sein ist uns nicht bekannt und deswegen macht es uns Angst, weil die Vorstellung ohne all dem bisher gewohnt zu Sein ist mitunter unerträglich und von massiven Verlustängsten geprägt. Von daher nehmen wir die Scheinwelt dankbar als Orientierungspunkt an und bewegen uns gar darin in dem Glauben, all dies sei echt und unser Leben.

* * *

03.09.2020

Nimm alles an wie es ist. Wehre dich gegen nichts, versuche nicht einzugreifen. Du musst keine "Aufgaben" abarbeiten und keine "Prüfungen" bestehen. Weder stellt das Leben dich vor irgendwelchen Aufgaben, noch prüft es dich auf irgendetwas hin. Dies sind nur Konzepte, die der Verstand kreiert, um eine Art Kontrollfunktion ausüben zu können, die er nicht hat, nie hatte. Lass die Konzepte Konzepte sein und fühl dich wie ein Beifahrer in diesem Körper. Du brauchst nichts weiter tun, wie alles zu erleben, bzw. zu beobachten. Schau einfach was und wie alles so geschieht.

* * *

05.09.2020

Es wird mitunter vom Entblättern gesprochen. Das Ego Stück für Stück aufspalten sozusagen. Dieses "Entblättern" ist im Grunde das Erforschen, was ich alles nicht sein kann, nicht bin. Das, was dann übrigbleibt, dass muss dann ich/das Selbst sein.

In der Beobachtung und Erkenntnis, dass ich nicht einen einzigen Gedanken selbst produzieren kann, ergibt sich folglich, dass es eine Quelle gibt, die "mir" die Gedanken schickt und ich sie glaube, sie für meine halte, was mich dann wiederum an die Person bindet, die ich nicht bin. Ergo braucht kein Gedanke überwacht zu werden und noch weniger für ernst genommen. Sie erscheinen und verschwinden wieder wie vorüberziehende Wolken. Je weniger ihnen geglaubt wird, desto weniger werden sie. Heute ist es so, dass mir kaum noch Gedanken der Sorge oder Ängste zugetragen werden, da ich sie allesamt durchschaut habe, als bedeutungslos.

Die entblätterte Vielschichtigkeit scheint eine Kreation der Quelle/Gottes oder wie auch immer es benannt wird, was mit mir, dem Selbst, nichts zu tun hat. Ich befinde mich quasi ähnlich einem Beifahrer in einem Körper ohne dieser zu sein. Ergo bleibt nichts weiter zu tun, wie sich zu entspannen, da keinerlei Handlungsmöglichkeit gegeben ist und kein Gedanke meiner ist.

* * *

11.09.2020

Ohne Anstoß oder Antrieb bewegt sich nichts. Ein Auto wird durch den Motor angetrieben. Flugzeuge durch Turbinen oder Propeller. Schiffe durch Schiffsschrauben. Des Weiteren wird vielfach Strom als Energiequelle eingesetzt, um z.B. diesen PC zu betreiben, an dem ich schreibe. Ob Bus oder Bahn, Fahrrad oder Roboter, usw. alles benötigt einen Antrieb, damit es sich bewegt.

Doch wer oder was treibt uns Menschen an? Was ist es, dass uns morgens (oder später) aufstehen lässt. Oder denkst du tatsächlich: Oberkörper aufrichten, mit den Händen abstützen, Beine vor die Bettkante und Füße auf den Boden stellen, aufrichten und Richtung Bad bewegen. Linker Fuß nach vorn, rechter Fuß nach vorn, usw. Du merkst schon, worauf es hinausläuft, oder?

Nun ließe sich sagen, dass das Gehirn die Bewegungsabläufe steuert. Doch dann müsste nachgefragt werden, WER steuert das Gehirn?

Kurzum, im Laufe des Tages geschehen so viele Bewegungsabläufe, dass sie am Abend gar nicht mehr alles erfasst oder gar aufgezählt werden könnten. Und bei keinem hast du einen Gedanken oder gar Willen eingesetzt, es geschah einfach.

Unsere Wahrnehmung, die sich auf das für uns Wesentliche fokussiert, nimmt all diese Bewegungsabläufe nicht wahr. Nicht nur das, sie werden als ->es ist eben so<- eingestuft, wenn überhaupt. Die Frage, WER oder WAS uns da im Grunde bewegt und steuert, stellt sich erst gar nicht. Das heißt, wir leben bereits mit einer Selbstverständlichkeit, die bei genauerer Betrachtung doch keine ist. Woraus sich eine weitere Frage ergibt. Wenn nun die Bewegungsabläufe von etwas gesteuert werden, was steuert es noch alles?

Sicher ist es dir nicht fremd, dass dir ganz unerwartet Gedanken erscheinen, vor denen du gar regelrecht erschauderst, dass du so etwas überhaupt denken kannst. Stellt sich dann nicht unweigerlich die Frage, woher diese Gedanken kommen, wenn du mit keinem Deut vorher daran gedacht hast. Kann es tatsächlich sein, dass du nur eine Art Empfänger der Gedanken bist und sie irrtümlicher Weise für deine hältst?

Da nun, wie wir erkannt haben, "unsere" Bewegungsabläufe von etwas gesteuert werden und ebenso die Gedanken erscheinen, ist es dann nicht folgerichtig davon auszugehen, unsere Existenz, bzw. Dasein als Mensch in Frage zu stellen? Bist du der oder die, von der du denkst du seist es? Bist du tatsächlich nur dieser Mensch, die du als Person wahrnimmst, die alles erlebt und angeblich steuert? Oder bist du vielleicht doch mehr, dass, was hinter allem wirkt und alles steuert?

11.09.2020

Vor ziemlich genau 20 Jahren hat sich mein Bruder auf spektakuläre Weise das Leben genommen, indem er sich in der Öffentlichkeit mit Benzin übergoss und sich selbst in Flammen setzte. Diese Handlung war Anstoß für etliche Spekulationen darüber, warum er es getan hat. So vielfältig die Vermutungen, Deutungen und spekulativen Annahmen auch waren, hatten sie eines alle gemein, und zwar das keine davon zutraf.

Warum? Nun, zum einen, weil der Protagonist nicht mehr dazu befragt werden konnte, um irgendeine Theorie zu bestätigen oder verneinen. Zum anderen, weil er zu keinem Zeitpunkt etwas Anderes tun konnte, wie das, was er getan hat.

Wir Menschen oder genauer gesagt der Verstand, sucht für alles und jeden eine Erklärung, damit es nur ja keine Ungewissheit über irgendetwas geben könnte. Die Natur des Verstandes ist Kontrolle und wie anders wollte er diese ausüben, wenn Mensch nicht davon überzeugt sein würde, der zu sein, von dem er annimmt es zu sein. Ergo muss es für den menschlichen Verstand immer eine Ursache und eine Erklärung für etwas geben. Die Vorstellung, dass etwas quasi fremdgesteuert sein könnte, ist ihm, dem Verstand ein Graus. Mehr noch die Vorstellung, dass der Mensch, bzw. die Person nicht das ist, wovon er überzeugt ist. Dann hätte der Verstand keine Kontrolle mehr, denn wen sollte er dann noch kontrollieren, wenn die Identifikation mit der Person nicht mehr vorhanden ist.

Dies als Kontext bleibt nur die bloße Feststellung und Information über den angeblichen "Freitod" (m)eines Bruders, der genau genommen kein Freitod war, nur in den Erklärungsversuchen. Es war ein Akt, eine Handlung, die geschehen ist, die ausgeführt wurde von einem Körper, der mir als mein Bruder bekannt war und anderen als Christian Stern, den sie angeblich kannten und wussten wie es um ihn stand.

Doch niemand wusste wie es um ihn stand, da jedes angebliche Wissen auf Konzepte und Mutmaßungen beruht. Selbst Information von ihm können nicht als das erachtet werden, was sie zu sein scheinen, da es auch für ihn nur Versuche waren, ein Verhalten zu erklären, was nicht zu erklären ist. Sicher würde der Verstand, allen voran jener von Psychologen, Vorträge über Ursachen, Kindesmissbrauch, Untreue, Drogenmissbrauch, usw. halten können. Das ist das Profilierungsfeld der Psychologie, die zwar für sich in Anspruch nimmt, den Dingen auf den Grund zu gehen, nur mit dem Makel, dass sie im falschen Becken danach sucht. Statt die Quelle all dessen aufzuspüren, sie zu erforschen, wird der Irrtum, die Identifikation mit dem Körper, der Person aufrechterhalten, weil die Psychologie sonst keinerlei Ansatzpunkt für ihr Betätigungsfeld hätte.

Wir sehen also, dass die Dinge nie das sind, was sie oder was wir meinen, dass sie sind. Wir, bzw. der Verstand sieht und analysiert nur die Oberfläche der Erscheinungen und lässt, dass, was sie erscheinen lässt völlig außer Acht, was zu dem gängigen Fehlverständnis menschlicher Existenz geführt hat und weiterhin führen wird.

Die Psychologie wie auch der Verstand werden sich wohl kaum verstehen können, dass ein "Freitod" nur ein Akt ist, eine Handlung, die nicht von der Person selbst ausgeführt wurde, sondern dessen Fäden bis in die Quelle allen Daseins führen, dem Selbst oder was im Allgemeinen Gott/Allah/Brahman/usw. genannt wird.

Das Mysterium Leben offenbart sich nicht, es kann nur erfahren werden, indem man sich ihm zuwendet, loslässt von Identifikationen und Konzepten, die das Leben erklären sollen. Es gibt keine Erklärungen, es gibt nur das Eine, das Selbst oder eben Gott und Gott ist alles, was ist.

14.09.2020

Hast du erst einmal realisiert, dass du nicht der Mensch bist, die Person, von der du dachtest, du seist es, wirst du eine Art freundlichen Gleichmut erleben/empfinden. Ereignisse um dich herum tangieren dich nicht mehr so sehr wie früher. Selbst was mit dir geschieht wird weniger persönlich wahrgenommen in dem Bewusstsein, dass du das nicht bist, es nichts mit dir zu tun hat. Gleiches gilt für die Gedanken. Mehr und mehr erkennst du, dass nicht du sie denkst, sondern sie zu dir kommen. Sie erscheinen einfach und so du sie nicht für deine hältst, haben sie auch keinerlei Auswirkungen mehr auf dich.

Es ist eine Kostprobe dessen, was dich erwartet, wenn du mehr und mehr loslässt. Sicher wirst du immer wieder in die Person verfallen, den Gedanken glauben und versuchen darauf zu reagieren, wie auch auf Ereignisse. Lass es einfach sein. Schaue und beobachte, erforsche, was tatsächlich geschieht und mit wem. Lass nicht locker, bleibe dran und besinne dich immer wieder darauf.

Zum Beispiel wirst du dich dabei ertappen, dass du etwas ändern möchtest, ein Verhalten oder etwas Anderes. Du wirst dir etwas vornehmen, es so und so zu erledigen, usw. All das kannst du getrost loslassen und es wird sich dennoch alles regeln. Der Verstand wird dir sagen, dass du eingreifen musst und dich nicht einfach zurücklehnen kannst. Dabei nutzt er deine Gewohnheit, es bisher so getan zu haben, wenngleich nicht wenige gewünschte Ergebnisse nicht so eintrafen, wie du sie gerne gehabt hättest. Doch das stört dich nicht weiter, da du, der Verstand weiterhin auf seine Kontrolle beharrt. Er hat nur eine Kontrolle, die die du ihm überlässt, in der Annahme, das seist du, das bin ich.

Bleibe dran und beobachte es so oft du kannst. Jeden Tag ein bisschen mehr, dann wird sich unweigerlich Entspannung entfalten. Oder wie es heißt, du wirst relaxter. Ja, relaxe und beobachte und aus der Kostprobe werden immer größere Stücke vom Kuchen.

Also, SEI einfach… am besten JETZT!

* * *

26.10.2020

Früher konnte/habe ich mich noch in Filmen sozusagen aus der Realität verflüchtigen können, mich quasi in ihnen regelrecht verloren. Ebenso bei Soundtracks. Dabei schwelgte ich in "anderen Welten", nur nicht in meiner.

Das Gefühl, bzw. die Sehnsucht, sich irgendwo aufgehoben bis gar geborgen zu fühlen, hat genau dieses sich verlieren in Filmen, Soundtracks wie auch oder gerade in die Natur forciert. Es war nicht nur bei mir eine regelrechte Sucht geworden. Davon lebt ja denn auch die Unterhaltungsindustrie oder wie ich es nenne, die große Ablenkungsmaschinerie. Ja, denn es war nichts weiter, wie die Ablenkung aus der eigenen Erlebniswelt, da sie einem nicht die Befriedigung verschaffen konnte, nach der man sich sehnte. Was übrigens auch mit einem gewichtigen Grunde ist, warum Beziehungen eingegangen werden.

Nun denn, all dies ist inzwischen weg. Es gibt keine Sehnsüchte, kein Wunsch, sich irgendwo geborgen und aufgehoben zu fühlen und diesen Ort nicht mehr verlassen zu wollen. Ebenso weder das Bedürfnis, noch eine Sehnsucht nach Beziehung(en). Beinahe wie Schuppen ist all dies abgefallen aus dem Gemüt.

Es ist dem (einfachen) Umstand zuzuschreiben, dass es in der völligen Akzeptanz und Annahme des JETZT keinerlei Wünsche oder Sehnsüchte gibt. Auch Sorgen und Ängste finden sich dort nicht wieder. Es ist ein ruhen in sich selbst, in seinem Selbst, dass von all dem keine Ahnung zu haben scheint. Da gibt es all diese Gedanken, Wünsche, Sehnsüchte, etc. einfach nicht. So, als säße man in einem Vakuum ohne Inhalt außer sich Selbst.

Ereignisse werden wahrgenommen, doch kaum bis gar nicht mehr gewertet. Sie geschehen und im nächsten Moment sind sie vorbei. Im Jetzt fallen Vergangenheit und Zukunft weg, sie sind nur noch Konstrukte im Verstand. Was auch ein Grund sein mag, sich nicht mehr in irgendetwas verlieren zu können (wollen), da die Vergänglichkeit von allem längst erkannt und durchschaut wurde. Was, außer Leiden, bringt es also, sich in etwas Vergänglichem, in eine Illusion zu verlieren. Nichts, außer dass man das Jetzt nicht erfährt, sondern stattdessen sich in Illusionen der Vergangenheit, Zukunft oder vermeintlich erfüllter Sehnsüchte und Wünsche begibt.

Das Problem ist die Konditionierung des Menschen auf Ablenkung, Erlebnisse, Beziehungen, etc. Der Mensch ist leicht zu verführen. Wird ihm nur die Aussicht auf etwas suggeriert, so beißt er an und das nicht selten entgegen jeglicher Vernunft. Die Konditionierung ist es, die es dem Menschen mehr als nur schwermacht, sich daraus zu befreien. Die Vorstellung, gänzlich ohne Ablenkung, Ereignisse, etc. dennoch glücklich zu sein, bzw. in sich zu ruhen und die Ruhe, sowie den Frieden im Gemüt/Kopf zu erleben, sich am Sein zu erfreuen, übersteigt die Imagination so mancher. Von daher wird es für abnormal gehalten, für ein Hirngespinst oder illusorischem Zukunftsdenken, dem nachzugehen. Wenngleich sich der eine oder andere fragt, wie es wohl sein mag, so gänzlich in sich zu ruhen, Frieden zu erleben und Wunschlos zufrieden zu sein. Der Preis dafür scheint den meisten zu hoch zu sein in der Annahme, sie verlören mehr als sie bekommen würden. Der Preis, den die Menschheit für die Aufrechterhaltung der Ablenkungsmaschinerie zahlt, steht in keinem Verhältnis zu dem, was es ihm, dem Menschen kosten würde, sich daraus zu befreien um Ruhe, Gelassenheit und Frieden zu erfahren.

Was bist du bereit, alles loszulassen/aufzugeben, um Frieden zu erlangen?

Woran hältst du fest, von dem du glaubst, es zu brauchen, um glücklich zu sein?

Bist du bereit all das loszulassen?

\* \* \*

15.11.2020

Solange du Gedanken auf das kleine Ich, die Person, die du zu sein meinst, beziehst, wird sich das kleine Ich, das Ego, behaupten wollen. Der Verstand interpretiert entweder eine Bestätigung des Egos oder einen Angriff. In beiden Fällen festigt sich die Vorstellung eine individuelle Person zu sein, die sich in der Masse behaupten will. Dies führt unweigerlich zum Leiden. Entweder fühlst du dich klein, schwach bis minderwertig oder du fühlst dich groß, stark bis unbesiegbar. Egal wie du dich fühlst, kein Gefühl hat Bestand und wird permanent durch andere Gefühle ersetzt, bzw. rein sich die Gefühle aneinander und das nicht selten ohne Bezug zum vorherigen. Dies entfacht zwangsläufig einen ständigen Kampf im Gemüt, weil du davon ausgehst, du wärest es, der all dies fühlt.

Erst wenn du erkannt hast, dass weder Gedanken, noch Gefühle deiner Kontrolle unterliegen und sie stattdessen ungefragt zu dir kommen, in dir erscheinen, erst dann siehst du, wie sinnlos es ist, dagegen anzukämpfen.

Gedanken und Gefühle sind keine zu attackierenden oder zu vermeidenden Erscheinungen. Sie sind was sie sind und haben weder nutzen noch Schaden im Gepäck. Dein Job ist es lediglich, sie zu erfahren, sie zu erleben, ohne Dich zu erleben, also dich nicht darin zu verlieren, indem du sie für deine hältst, für dich hältst.

Beobachte sie genau und du wirst unweigerlich feststellen, dass Gedanken kommen, ohne dass du vorher daran denkst. Das fällt dir besonders leicht auf, wenn Gedanken erscheinen, die rein gar nichts mit dem zu tun haben, was du gerade tust. Du machst den Abwasch, putzt die Wohnung, bist bei der Arbeit, sitzt im Bus oder stehst im Fahrstuhl. Was auch immer du tust, bzw. der Körper tut, die Gedanken prasseln wie Regen auf dich ein. Oft genug weißt du sicher nicht mal, welchem Gedanken du zuerst folgen sollst und da dir möglichst nichts entgehen soll, willst du sie alle verfolgen, was zu Verwirrung führt. Ja, du bist verwirrt, weil sich eine Diskrepanz aufzeigt zwischen dem, was geschieht und was Gedanken dir glauben machen wollen. Nun fragst du dich gar, ob du die Arbeit/Bus/Kino/etc. verlassen sollst, um einem Gedanken intensiver Sorge nachzugehen. Zum Beispiel nach Hause zu fahren, ob die Kaffeemaschine auch wirklich aus ist oder es dem Kinde gut geht, dass du tel. nicht erreichst. Du siehst, Gedanken können dich ganz schön in die Irre führen, wenn du ihnen glaubst, wenn du glaubst, dass du es bist der sie denkt.

Lass los von diesem Irrglauben und du wirst sehen, dass dennoch alles weitergeht und für alles gesorgt ist. Was nicht bedeutet, dass alles wunderbar sein muss, nein, es bedeutet nur, dass alles weitergeht, mit oder ohne den Gedanken, bzw. dem Glauben daran, es seien deine. Lass los und werde zum Beobachter-In und du wirst das unfassbare Mysterium Leben/Gott erfahren, wie es ist und nicht wie du es haben willst. Von daher heißt es ja auch: Dein Wille geschehe. Also lass los, lass geschehen ohne eingreifen zu wollen und mehr noch, lass dich überraschen bis überwältigen, wie dennoch alles geschieht.

* * *

15.11.2020

Könntest du tatsächlich Gedanken erzeugen/erschaffen, dann müsstest du sie auch auflösen können. Doch das kannst du nicht, so sehr du dich auch bemühst. Deswegen scheint die Ablenkung so gut zu funktionieren, die Betäubung oder der Rausch. Und das wird dann zur Sucht, wobei Sucht von Suchen kommt. Du suchst nach Erlösung von den quälenden Gedanken, suchst nach Ruhe und Frieden. Dann hör auf, Gedanken bekämpfen zu wollen, ihnen zu glauben und dass du es bist, der sie denkt. Du bist nur das Vehikel im Spiel des Lebens, dass sich selbst spielt, ohne zu wissen, ohne dich daran zu erinnern, dass du selbst das Spiel bist.

* * *

02.01.2021

Warum nimmst du das Leben nicht so an, wie es für dich bestimmt ist?

Ganz einfach, du glaubst den Gedanken, die zu dir kommen, glaubst, dass du sie denkst. Genau das ist die Falle, die Versuchung, der du erliegst. Denn jetzt beginnt dein Spießrutenlauf. Du gibst dich nicht zufrieden mit dem was und wie etwas ist, wie dein Leben verläuft. An so vielem hast du rumzunörgeln, zu kritisieren, zu verbessern und und und…. Ja, und dann gesellen sich noch Wünsche und Sehnsüchte dazu, die dir den Rest nehmen, um ein zufriedenes Leben zu erleben. Ich sage bewusst nicht "…, um ein zufriedenes zu führen", denn du führst rein gar nichts. Weder die Gedanken, die Handlungen noch Ereignisse.

Hast du nicht schon oft genug erleben müssen, dass sich Wünsche selten bis gar nicht erfüllen, dass Sehnsüchte mehr Leid als Zufriedenheit erzeugen und dass kritisieren dich auch nicht verändert?

Weißt du, was geschieht, während du dich all dem hingibst? (D)ein Leben zieht an dir vorüber, ohne dass du es tatsächlich mitbekommen hast, es tatsächlich erlebt hast. Denn du bist ja mental zu sehr damit beschäftigt, Makel zu suchen und zu finden, dich mit anderen zu vergleichen, dich in einer Welt zu behaupten, die dich vollkommen in Griff hat, Gedanken der Sehnsucht, der Sorge und weiterem zu glauben, nur um letztlich feststellen zu müssen, dass alles für die Katz ist/war. Doch das willst du einfach nicht wahrhaben, weil du dich zu sehr mit dem Körper, der Person identifizierst. Zwangsläufig willst du diese Person, dieses Ich nach allen Seiten und Meinungen verteidigen. Statt dem Leben freien Lauf zu lassen und sich ihm in jedem Moment bedingungslos hinzugeben, willst du verbessern, korrigieren, verändern, umdrehen und am liebsten gar zurückdrehen für eine zweite Chance. Und was macht das Leben? Es lebt sich selbst, ob du willst oder nicht. Ungeachtet der Wünsche, Sehnsüchte, Sorgen, etc. lebt es sich und gestaltet sich in jedem Moment neu.

Du hast keine Wahl, das Leben hat dich fest im Griff und nicht du das Leben. Mitunter scheint es so, als liefe alles so, wie du es willst. Doch dann kommt der große Knall, wenn Krankheit, Unglück oder anderes, ungewolltes dich befallen. Das Geschrei ist groß und du fragst dich, was ist nur los?

Du hast versucht in die kolossale Komplexität des Lebens einzugreifen, ohne auch nur den Hauch einer Ahnung zu haben, was Leben tatsächlich ist und wie es sich gestaltet. Welch jeden Verstand sprengendes Mysterium dahinter steht, dass all dies quasi arrangiert.

Du kämst nie auf die Idee, einen Tornado bezwingen zu wollen, einen Tsunami aufhalten wollen und doch meinst du in etwas phänomenal Größeres, dem Leben selbst, eingreifen zu können. Das kann nur zum Scheitern verurteilt sein. Wieder und immer wieder...

Solange du nicht aufgibst und einsiehst, dass das Leben bereits für alles gesorgt hat und weiterhin sorgen wird. Solange du dich nicht bedingungslos und in Demut dem Leben übergibst, solange wirst du Widerstände erzeugen, die sich nicht mal eben so beseitigen lassen. Solange wirst du stets das

Gefühl haben ausgeliefert zu sein. Und genau das bist du auch. Du bist dem Leben ausgeliefert, es macht mit dir, was ES will und nicht was du willst.

In Erkenntnis und Einsicht wirst du aufgefordert, die Schwerter fallen zu lassen, alles fallen zu lassen, alles loszulassen und dich einzig vom Leben tragen lassen und annehmen, was und wie es sich auch für dich gestalten möge. Denn du, dein kleines Ich, hatte nie eine Chance etwas Anderes zu sein als eine Illusion, eine Vorstellung von einer Person, die du anscheinend doch nicht bist.

* * *

23.01.2021

Wie ist das? Du lässt dir nichts sagen, gehst in die Defensive, wenn du meinst angegriffen zu werden und willst erreichen, was du meinst erreichen zu müssen?

Tja, dann hast schon verloren, denn es gibt auf der Ebene des Menschseins nichts zu gewinnen… Und auch nicht zu verlieren.

Warum ist das so?

Ganz einfach. Du bist nicht der Verstand, der dir permanent in den Ohren liegt. Er lässt dich glauben, dass du eine Person seist. Genau diese Person, von der du bisher überzeugt warst, es tatsächlich zu sein. Ergo hat er, der Verstand, leichtes Spiel mit dir, da er dir jeden noch so fragwürdigen Befehl erteilen kann und du ihn meist prompt ausführst.

Jemand beleidigt dich und du wirst in der Regel darauf reagieren, weil der Verstand sich immer im Recht zu wissen meint. Du bist sein Avatar. Er benutzt dich, um selbst überleben zu können. Er braucht dich, um sich in der Welt zu behaupten. Ohne dich, wäre er nur ein Werkzeug, dass es zu benutzen gilt. Doch was hast du in all den Jahren deiner

Lebenszeit getan? Genau, du hast dich selbst zum Werkzeug gemacht. Statt den Verstand zu benutzen, benutzt er dich und das macht er so genial, dass du gar nicht auf die Idee kommen würdest, es anzuzweifeln, dass du nicht der Verstand bist.

Ich weiß, wenn du könntest, würdest du mir jetzt nen Vogel zeigen oder lachen. Doch wer ist das, der den Vogel zeigen will? Bist das tatsächlich du?

Schau mal genau hin. Beobachte was geschieht und wie der Verstand darauf reagiert. Erkenne, dass du seine Marionette bist, in dem Glauben, du wärest es selbst. Dein Ego, vom Verstand ins Leben gerufen und Tag für Tag ausgebaut und gefestigt, verteidigt und behauptet, war als Baby nicht vorhanden. Als Baby bist du noch der absolute Beobachter all dessen, was um dich herum und mit dir geschieht. Du hast nicht differenziert zwischen warm und kalt, Regen und Sonnenschein. Du hast es einfach wahrgenommen als das, was es ist. Du hast es beobachtet. Und genau da musst du wieder hinkommen, um nicht länger Sklave des Verstandes zu sein, kein williger Avatar eines nebulösen etwas, einem Energiebündel, das sich Verstand nennt.

Denke nicht darüber nach, denn das hieße ja, einen Brandstifter zu bitten, das Feuer zu löschen, dass er selbst gelegt hat. Nein, einfach nur hinschauen, beobachten. Das wird den Verstand aufschrecken, denn er will nicht als etwas Getrenntes von dir gesehen, bzw. erkannt werden. Dann kann er dir nicht länger vorgaukeln, dass du all das bist, sondern, dass er es mit dir machen will.

Jetzt wäre es tatsächlich ratsam, sich nichts sagen zu lassen. Was meinst du? Willst du mal genau hinschauen und es selbst erkennen, dich als das Selbst erkennen?

25.01.2021

Sehnsucht

Was ist Sehnsucht anderes als die Vorstellung von etwas, dass sein könnte oder wie es wäre, wenn.

In dem Moment, wo du einem Gedanken der Sehnsucht glauben schenkst, ihn also für deinen hältst, begibst du dich in den Widerstand zum Jetzt, zu dem, was gerade ist. Statt das Jetzt anzunehmen und deine Aufmerksamkeit darauf zu richten, begibst du dich mental in eine Illusion von dem was sein könnte. Dies geschieht deswegen so leicht, weil du einen Mangel empfindest. Dir scheint der Kontakt zu jemandem zu fehlen, ein Ort, wo du dich wohlgefühlt hast, einen Umstand, der dir Wohlbehagen bescheren soll. All dies befördert dich in die Hölle, weil du anscheinend unendlich leidest unter der unerfüllten Sehnsucht. Je mehr du dich der Sehnsucht hingibst, desto größer wird auch der Schmerz.

Der Mensch hält dies für normal, weil er nichts Anderes kennt, wie sich nach etwas oder jemandem zu sehnen. Doch wer würde es begrüßen, Schmerz zu erleiden, außer dem Menschen? Das ist der "normale Wahnsinn", dem sich fast jeder hingibt und es für normal hält, weil es im Kollektiv seine Mehrheit findet.

Dabei will der Mensch nicht leiden. Er möchte fröhlich sein, sich seines Daseins erfreuen, was recht simpel wäre. Du brauchst dich nur auf das Jetzt zu konzentrieren und Gedanken der Sehnsucht als das erkennen, was sie sind. Eine Vorstellung/Illusion von etwas, was sein könnte, oder wie es wäre, wenn…

Egal welche Aktivität dein Körper gerade vollzieht, es ist das, was Jetzt ist. Alles andere sind mentale Gespenster bis hin zu Dämonen, die dich davon abhalten, das Jetzt zu erfahren und dich in den tiefen Schlund der Illusionen saugen, wo es kaum ein Entrinnen gibt. Außer, ja außer du erkennst solch Gedanken als Lockmittel oder Verführung, wenn du so willst, um dich in den Bann des Verstandes zu ziehen oder zu halten. Der Verstand kann im Jetzt nichts bewirken, er kann nicht einmal damit etwas anfangen. Seine Natur sind Vergangen und Zukunft, aus denen er Bilder/Erinnerungen und Illusionen schafft, die dich aus dem Jetzt zerren. Und Mensch lässt sich nur zu leicht verführen, wodurch der Verstand leichtes Spiel hat, ihn, den Menschen, in seinen Bann zu ziehen.

Achte darauf, was du tust und wo die Gedanken sind.

* * *

15.02.2021

Dein Problem ist nicht, was geschieht, sondern die Konzepte, mit denen du die Dinge siehst, sehen möchtest. Damit stößt du unweigerlich auf Widerstand, weil sich das Leben an keine Konzepte, Wünsche, Sehnsüchte und Hoffnungen binden lässt. All dies sind Illusionen von etwas, wie es sein sollte oder sein möge, weil man nicht das was ist so annehmen kann oder will. Schmerz ist die Folge, es tut weh, es lässt einen nicht los und treibt manchen in den Wahnsinn. Dabei spielt sich all dies nur im Verstand ab. Während dem Abwasch, dem Spazierengehen, Autofahren, Film anschauen usw. Du bist so gut wie nie bei dem, was tatsächlich gerade ist. Dauernd erscheint etwas, was du gerne anders hättest oder sorgst dich um irgendetwas, was in der Zukunft liegt und nichts mit dem Jetzt zu tun hat. Selbst die Zukunft ist nur eine Illusion. Einzig das Jetzt ist es, was unmittelbar erfahren werden kann.

Im Frieden sein mit allem bedeutet, erkannt zu haben, dass wir für nichts etwas können und nichts bewirken können, ändern können oder gar forcieren. Wahre Demut meint, dass absolut alles was und wie etwas ist, genauso sein soll und nicht anders sein könnte und ich keinerlei Macht habe, irgendetwas daran zu ändern.

Alles andere sind nur Kommentare, Etiketten, Konzepte, Wunschdenken, usw. die nicht das Geringste an dem ändern was ist.

Nur durch Beobachtung und Erkennen gelangst du zum Frieden, zur Zufriedenheit und damit einhergehend auch Gelassenheit. Versuche nicht es intellektuell zu erfassen, denn der Verstand ist es ja, der dich all dies glauben lässt, der dich vom Frieden abhält. Du musst es leben. Beobachte und sei einfach. Mehr ist nicht zu tun. So simpel, so direkt und doch so schwer für die meisten, weil sie scheinbar den "Lärm" im Kopf brauchen, es gar für normal halten. Selbst während des Urlaubs können die wenigsten entspannen, weil sie dann an die Zeit nach dem Urlaub denken, an die Arbeit oder sich sorgen, ob zu Hause alles in Ordnung ist usw. Deswegen ist für viele nach dem Urlaub vor dem Urlaub, es geht weiter wie gewohnt, sich sorgen, sich Wünschen und Sehnsüchten hingeben, doch nur nicht im Jetzt sein, es direkt erleben.

* * *

09.05.2022

Ob arm, ob reich, gebildet oder ungebildet, dumm oder genial, schön oder hässlich, usw.

All das gibt es nicht für Gott!

Jeder einzelne, wie er / sie da ist, ist ein Ausdruck des Lebens selbst und wird bedingungslos geliebt und durchs Leben geführt. Und das vom Leben selbst. Du brauchst dich um absolut nichts kümmern, denn ALLES wird vom Leben geregelt. DU brauchst nur zu sein, wie und was du bist. Denn das ist, wie das Leben, wir Gott es von dir will, nichts Geringeres als das.

Es ist so einfach für dich, für jeden. Gehe aus dem Verstand ins Herz und bleibe dort. Lebe aus und mit dem

Herzen und stell dir nur eine einzige Frage im Leben. WER bin ich?

Wenn du denn eines Tages erwachen solltest, was eine Gnade Gottes ist, dann wirst du die Wahrheit sehen. Das ist keine Aussicht und hoffe nicht darauf. Doch wenn es soweit, das verspreche ich dir, dann wird es so sein, wie ich dir gesagt habe. Du wirst frei sein, in ALLEM.

* * *

10.05.2022

Frauen

Wenn du eine Frau nicht als das behandelst, was sie ist, eine Göttin auf Erden, dann solltest du besser die Finger von ihr lassen. Denn dann, bist du nur ein Sklave deines Verstandes und begegnest einer Frau nicht mit deinem liebenden Herzen, dass dir gegeben ist.

Entdecke es für dich. Erforsche dich selbst, dein selbst, wer du in Wahrheit bist. DU mein Lieber, bist nichts Geringeres, als Gott selbst, der in diesen, deinem Körper, die Welt und das Leben erfährt. DU bist bereits wahrhaftige Liebe. Doch um das zu sein, musst du erwachen. Also erforsche dich bitte.

Stelle dir immer und immer wieder die Fragen:

WER bin ich? WAS ist dies ich? Zu WEM kommt das alles? WER glaubt das?

BITTE stelle diese Fragen, ohne sie dir jemals zu beantworten, dazu bist du gar nicht in der Lage. Stelle sie und lass sie wirken. Ich verspreche dir, du wirst wundersames erleben. Und du wirst Frauen auf eine Art & Weise beglücken können, wie es sich deinen kühnsten Träumen entzieht. Der Verstand weiß nichts von der Liebe, die DU sein könntest. Wer hat keinerlei Ahnung und fürchtet sich davor in dem Maße, dass er dir lieber ein Konzept von Liebe anbietet, dem du folgen sollst. BITTE tu das nicht, er ist ein Gaukler, ein Lügner, ein Täuscher mit Jahrtausend langer Erfahrung. Vertrau ihm nicht, niemals! Einzig auf dein Herz kannst du vertrauen, geliebter Mensch. Einzig darauf. Also BITTE, lass dich nicht vom Verstand verführen, so verlockend seine Angebote auch sein mögen. Es sind allesamt Lügen, Täuschungen, um dich von der wahrhaftigen Liebe, die du bereits bist, abzuhalten, sie zu sein.

Tue dir und jenen, die du zu lieben meinst, den größten Gefallen und SEI Liebe, statt einem schäbigen Konzept von Liebe zu folgen. BITTE ignoriere den Verstand, immer! Geh und bleibe in deinem Herzen, nur da findest du die absolute Wahrheit, die dir meine Worte an dich, an dein Herz, bestätigen werden.

Scheiß auf deinem Verstand, du brauchst ihn nicht, niemals. Erwache und lass dich vom Leben selbst führen und nimm alles bedingungslos an, was es dir gibt. Es wird IMMER das sein, was du im jeweiligen Moment brauchst. Vertrau darauf und du bist frei für alle Zeit.

* * *

10.05.2022

Erwachen

Erwachen ist lange nicht so spektakulär, wie du denkst. Erwachen ist, wie aus einem Traum aufwachen, nur das du erkennst, dass das, was du für dein Leben hieltest, nie dein Leben war, da du das Leben selbst bist. Dies und nichts Geringeres entdeckst und erfährst du JETZT für dich. Da ist schon alles.

Wenn du erwachst, dann ist dieses Erwachen sehr fragil. Du musst höllisch aufpassen, nicht den verführerischen

Angeboten des Verstandes zu erliegen. Denn er will dich zurückhaben, weil er sonst keinerlei Kontrolle mehr über dich hat. Also tu dir selbst einen Gefallen und gerate nicht in Versuchung, dem Verstand weiterhin zu folgen. Er führt dich nur zurück in ein Leben voller Leiden. Doch wenn du im Herzen bleibst und dich immer, in jedem Moment drauf fokussierst, ja, dann bist du frei. Frei von allem Leid, dass du jemals erfahren hast. DAS und nichts Geringeres, verspreche ich dir geliebter Mensch, der DU bereits bist, was du dir immer ersehnt hast. Erkenne es für dich und du bist frei. Absolut frei, in Allem. Das, und nichts anderes ist die Wahrheit über dich,

\* \* \*

11.05.2022

Solange du im Verstand bist und an ihn glaubst, solange spielt es keine Rolle, ob du im Gefängnis sitzt oder nicht. Das, was du Freiheit nennst, ist eine Illusion von Freiheit, ein Konzept von Freiheit, dem du blindlings vertraust und folgst. In Wahrheit warst du nie frei, weil du gar nicht weißt, was Freiheit tatsächlich ist. Du wurdest, beziehungsweise, du hast dich schon kurz nach deinen ersten Lebensjahren zu einem Gefangenen machen lassen. Du hast dir von deiner Umwelt sagen lassen, wer du bist und wie du zu sein hast. Du hast alles geglaubt und wurdest somit zu der Person, die du meinst zu sein. Die traurige Wahrheit ist, du hast irgendwann begonnen, dir selbst zu sagen, wer du bist oder sein willst, wie du sein willst und somit im Laufe deiner Lebensjahre so viel Unsinn über dich angehäuft, dass du es gar nicht mehr loslassen willst. Egal wie beschissen es auch für dich laufen mag ihm Leben, du wirst dich lieben oder hassen.

Wahrhaftige Freiheit kannst du erst erfahren, wenn du bedingungslos ALLES aufgibst und loslässt, was du über dich zu wissen glaubst. All das ist purer Bullshit! Es sind alles Illusionen von/über eine Person, die du NICHT bist. Dazu kommt das Trauerspiel, dass wenn sich zwei oder mehrere

Illusionen begegnen, sie nichts Besseres zu tun haben, als sich entweder gegenseitig in ihrer Illusion von sich selbst zu bestärken, oder abzuwerten – meist Dritte, wenn sie nicht dabei sind. Minuten bis Stundenlang wird geredet und geredet und kaum jemand hört wirklich zu. Meist wird nur hingehört, um den passenden Zeitpunkt abzuwarten, seine eigene Illusion wieder ins Spiel zu bringen. Am Ende hat keiner der beiden auch nur den geringsten Nutzen daraus gezogen. Wie auch, Bullshit begegnet Bullshit = Bullshit.

Erforsche dich selbst, dein Selbst. Gehe den Fragen nach:

WER bin ich?

WO kommt dieses ICH her?

WAS ist die Quelle all dessen?

BITTE gib dir nie eine Antwort, das kannst du, dein Verstand dir niemals sagen. NUR die Fragen stellen und ins Herz geben, sie wirken lassen und du wirst sehen, wenn immer und immer wieder dran bleibst, werden sich wahre Wunder für dich offenbaren. ALLES wird sich dir offenbaren, so auch, was wahre, was absolute Freiheit ist und wie sich anfühlt.

Bis dahin spiel ruhig mit deinen imaginären Ketten, mit den der Verstand dich an sich gefangen hält.

* * *

12.05.2022

Im Tod bist du frei.

So dein Körper eines Tages sterben wird und das wird er mit 100%iger Sicherheit, wirst du dich unmittelbar danach selbst erfahren. Du wirst sein. Frei, von der Vorstellung eine Person gewesen zu sein. Frei von Illusion, ein Leben gehabt zu haben. Bist du nicht zu Lebzeiten erwacht, so wandelst du gleichsam Tod durch das Leben selbst, ohne jemals wirklich gelebt zu haben. In deinen Illusionen und Konzepten vielleicht. Doch das ist, bleibt und wird immer nur ein Abklatsch vom wahrhaftigen Leben sein. Deswegen hat ausnahmslos jeder ein leidvolles Leben. Ob arm oder reich, krank oder gesund, egal was und wie. In einer dualen Welt kannst du niemals NUR glücklich oder NUR betrübt sein. Das ist vollkommen unmöglich und jene, die es von sich behaupten, sagen dir nicht ihre ganze Wahrheit.

Erwachen ist, wie aus einem Alptraum aufzuwachen, der sich verdammt echt angefühlt hat. Sonst würdest du nicht Schweiß gebadet aufwachen, richtig? Genauso ist es mit deiner Vorstellung von deinem Leben. Es fühlt sich alles so verdammt echt an, dass es dir unmöglich erscheint, auch nur das Geringste davon in Frage zu stellen, richtig?

Und ganz ehrlich, glaubst du zu 100%, dein sogenanntes Leben im Griff zu haben?

Na bitte, muss ich da noch mehr zu sagen?

Also beginne BITTE damit dich selbst zu erforschen. Hier die Fragen, die du dir stellst kannst, so du magst. Ist kein muss, nur ein Angebot. Stelle dir Fragen, die zu dir passen und lass sie im Herzen ihre Wirkung tun, OHNE dass du dir auch nur eine einzige davon versuchst zu beantworten. Tue das nicht. Du bekommst nur Bullshit aus dem Verstand als Antworten. Bleibe so oft und solange wie dir möglich ist, im Herzen. Lebe mit und aus ihm und dir wird wundersames geschehen, DAS verspreche ich dir. Nichts Geringes wird geschehen.

WER bin ICH?

WER bin ICH, wenn ich mich nicht länger für die Person halte, die ich meine zu sein?

WAS ist die Quelle von allem? Vom Ich, vom Leben, einfach von allem, was ist?

13.05.2022

Jemand, der erwacht ist, hat keinerlei Tugenden oder dergleichen. Jemand, der erwacht ist, IST ganz einfach. Nicht mehr und nicht weniger. ALLES andere wird vom Leben selbst geregelt, worüber es zu keiner Zeit jemals eine Kontrolle gab. Auch wenn es sich täuschend echt anfühlt. Du hast einfach keinerlei Kontrolle. Kontrolle ist und bleibt IMMER eine Illusion. Oder würdest du sonst das Leben führen, dass du scheinbar selbst führst? Sicher nicht. Also, was brauchst du noch, um zu kapieren, dass der Verstand dich in die Irre führt. Erwache. Bitte Erwache und du wirst erkennen, dass es nur die EINE absolute Wahrheit gibt. Verlasse den Verstand und geh ins Herz und bleibe dort. Verankere dich in ihm, es wird dir IMMER die Wahrheit sagen und dich führen. Vertrau einzig und allein auf dein Herz.

Das EINE ist.

In LIEBE, die IST.

* * *

Ihr geliebten Menschen, da draußen, wie ihr ALLE da seid. Und ja, jeder einzelne von euch ist wunderbar, ist wahrhaft göttlich. Denn jeder von euch ist ein Ausdruck Gottes in dieser dualen Welt, in der eure Körper sind und interagieren. Absolut JEDER ist perfekt, genauso, wie er, wie sie ist. Lass dir bitte niemals etwas anderes einreden. DU bist gesegnet in ALLEM, was du bist und tust. Lass dir niemals etwas anderes sagen. Es wären nur Lügen über dich, geboren aus einem Verstand, der nur Bullshit produziert. Jene, die wahrhaftig mit dem Herzen sehen, werden erkennen, WER du wahrhaftig bist. BITTE, vertrau NUR deinem Herzen, dass dir IMMER die Wahrheit über dich sagen wird. Es könnte nie anders sein. Vertrau darauf und du wirst FREI sein. FREI von allem, was dein scheinbares Leben zu einem Leidensweg gemacht hat. Denn DU bist das Leben selbst, das IST und immer sein wird. Erforsche es für dich selbst und du wirst erkennen, dass meine Worte an dich, die Wahrheit repräsentieren, die IST. Die DU bist und schon immer warst.

In LIEBE, die IST.

* * *

Mein Leben ist scheiße.

Das Problem ist sicher nicht, dass dein vermeintliches Leben scheiße ist. Nein, das sicher nicht. Das Problem ist, dass du auf jämmerliche Weise versuchst, das Leben mit dem Verstand zu leben. Solch Ambitionen sind per se zum Scheitern, bis hin zum völligen Zusammenbruch verurteilt. Ohne jegliches WENN und ABER. Drauf geschissen!

Wie du sicher mehr als einmal in deinem Leben erfahren hast, lebt das Leben sich selbst und fragt dich nicht vorher um Erlaubnis, dieses oder jenes mit dir machen zu dürfen. Es geschieht was und wie es geschieht. Das tat es schon immer. Nur der Verstand hat dich davon abgehalten, es zu sehen und zu erkennen.

Ergo gibt es nichts weiter für dich zu tun, als aus dem Verstand direkt ins Herz zu gehen und dort auch zu bleiben. Stell dir immer wieder die Fragen:

WER bin ich?

WAS ist dieses ich?

WO kommt es her, WAS ist sein Ursprung?

WER bin ich, wenn ich mich nicht mehr für die Person halte, von ich glaubte, sie zu sein?

NUR die Fragen stellen bitte und ins Herz schicken, dann loslassen. Alles Weitere über lass dem Leben, dem EINEN, das ist, das du bereits bist, OHNE es bisher für dich zu erkennen.

Doch keine Sorge. Das kommt mit dem Erwachen, so du gesegnet bist, dass es dir geschehe. Weder du noch sonst irgendjemand könnte einen Segen aussprechen. Das wäre Anmaßung in höchstem Maße!

Tu dies, und dir wird sich wundersames offenbaren.

Es ist schon bei einigen wenigen geschehen.

Und es werden immer mehr in den kommenden irdischen Zeiten.

Hege keinerlei Hoffnung oder warte darauf, dann bist du wieder im Verstand. Lass alles los und SEI einfach, am besten JETZT.

* * *

17.05.2022

Geduld

Sei geduldig.

BITTE falle nicht dem Verstand anheim, der dir sagt, du sollst nicht abwarten können. Nur weil du 3x am Tag fragst:

WER bin ICH? Und WER bin ich, wenn ich mich nicht mehr für die Person halte, von ich bisher glaubte, sie zu sein? WER bin ich dann?

Erwachen ist und war schon immer eine Gnade von dem EINEN das IST.

Es kommt immer unangemeldet und klopft nicht an deiner Tür, um Einlass zu erhalten.

Suzanne Seagal hat es eiskalt an einer Bushaltestelle erwischt. Im wörtlichen Sinne, aus heiterem Himmel, sozusagen.

Mich hat es während des Schlafens in der Nacht erwischt, ohne dass ich es mitbekommen habe. Erst das Erwachen in den Tag offenbarte sich als ein Erwachen in ein neues, ein wahrhaftiges Leben. Dabei erkannte ich, dass ich vorher nie wirklich gelebt hatte, nur existiert und gelitten.

Nein, keinesfalls ungeduldig sein oder gar darauf warten, dass es geschieht. Das entscheidest nicht du und auch nicht deine Praktiken, die dir in mannigfaltigen Variationen zur Verfügung stehen, um zu Erwachen, oder Erleuchtung zu erlangen.

Was geschehen kann, bei ernsthafter Ausübung ist, dass du es bis an die Pforte des Erwachens schaffst, was schon eine enorme Veränderung in deinem Leben hervorrufen dürfte. Doch musst du dir sozusagen eine Wartenummer ziehen und alles Weitere dem Leben selbst überlassen.

-

Ausnahmslos jeder, der dir verspricht, dass du Erleuchtung erlangst, wenn du dies oder jenes tust, weißt nicht, was er sagt. Das ist Bullshit vom Verstand und keine Worte aus dem Herzen, der LIEBE die IST.

Gebrauche deine Intuition, um zu unterscheiden zwischen dem einen und dem anderen. Trainiere es und du wirst immer sicherer darin, die Wahrheit zu erkennen, wenn sie sich dir offenbart.

HALLUJA - Wahrhaftiges Leben ist einfach geil!

In LIEBE, die IST.

-

Solange du dich NUR verliebst, verliebt bist, folgst du (d)einem Konzept von Liebe, dass nicht mal Ansatzweise an Liebe, die IST, heranreicht.

Warum wohl entwickeln sich so viele angebliche "Liebesbeziehungen" zu einem Alptraum?

Und das soll Liebe sein?

Nein, das ist nur Bullshit vom Verstand, der dir etwas vorgaukelt, was du bereits bist und er es dich nicht sehen und erkennen lassen will. Er würde dich schlichtweg verlieren und hätte keinerlei Kontrolle mehr über dich.

Welch göttliche Befreiung.

Gehe aus dem Verstand und direkt ins Herz. Bleibe dort und lebe in, mit und aus ihm heraus. Dann wirst du dich nie wieder verlieben oder jemandem lieben können. Denn dann BIST DU ganz einfach die LIEBE SELBST.

LIEBE, die IST und es immer war, die du jetzt bist, in diesem Moment.

Erforsche es für dich. Nicht später, nächste Woche oder so, nein JETZT. Es gibt immer nur das JETZT. Nächste Woche etwas tun zu wollen ist im höchst anmaßend, weil du nicht einmal weißt, ob du heute Abend noch leben wirst. Niemand weiß das, auch ich nicht.

Das regelt alles das Leben selbst. Von daher gibt nur einen einzigen Moment, wo du wahrhaftig leben und Liebe sein kannst. Dieser Moment ist JETZT.

Mach was daraus.

In LIEBE, die IST.

* * *

## Kontrolle

Wenngleich du bisher glaubtest, die Kontrolle über dein sogenanntes Leben zu haben. Du hattest sie nie und wirst sie nie haben.

Sieh dir dein Leben an und sag mir ganz ehrlich, ist es das Leben, dass du wolltest, dass du angeblich unter Kontrolle hast?

Du brauchst mir nicht zu antworten, ich kennen sie bereits, denn dein Leben ist scheiße.

Du bekommst nicht den Partner, den du willst.

Du hast nicht den Job, den du machen möchtest.

Du wohnst nicht so, wie du es gerne hättest.

Deine Urlaubsziele sind begrenzt auf dein Budget.

Deine Gesundheit lässt hier und da zu wünschen übrig.

Dein Körper entspricht nicht deinen Wunschvorstellungen.

Dein Sex ist mittelmäßig bis langweilig.

Du verkackst bei jeder sich dir bietenden Gelegenheit.

Du haderst mit diesem und jenem.

Und und und....

So, und DU willst MIR erzählen, du hättest dein Leben im Griff?

Sorry, mein Lieber, doch der Verstand hat DICH in Griff und du glaubst all den Scheiß, den er dir serviert. Du frisst es Löffelweise in dich hinein, nur um von einem Leben zu träumen, dass du nie haben wirst.

Du glaubst dem Verstand und bist sowas von verloren, verarscht, dass selbst der Teufel sich ein darauf lacht.

Denn der sogenannte Teufel ist nichts anderes als dein Verstand, dem DU dein Vertrauen schenkst, in der Annahme, du seist der Verstand.

FUCK! (aus : Malavita – Robert de Niro)

Du hast gar kein Leben, nur eine jämmerliche Existenz.

Wenn du wirklich und aus vollem Herzen ein Leben erleben willst, dann scheiß auf den Verstand und geh ins Herz.

Lebe in, mit und aus dem Herzen und so du die Gnade erfährst, wirst du erwachen und erleben, was es bedeutet, tatsächlich zu leben, statt nur zu existieren.

Versuche es mal, schaden kann es ja nicht, bei deinem Trümmerhaufen von Leben, oder?

In LIEBE, die IST.

* * *

22.05.2022

Ich, Thomas Stern, sterbe.

Das, oder besser, die Person, die ich bis vor kurzem noch war, glaubte zu sein, stirbt. Ja, sie stirbt seit dem Erwachen und das Sterben scheint demnächst abgeschlossen.

Absolut alles, was war hat keinerlei Bedeutung mehr für mich, ist gleichsam tot. Es ist das, was Du Vergangenheit und Erinnerungen nennst.

Vorgestern habe ich meinem großen Sohn (31) Lebewohl gesagt und alle Bilder, die ich von ihm noch hatte gelöscht. Alles Alte weggeschmissen und das, ohne zu zögern, ohne schlechtem Gewissen oder dergleichen.

Es gibt ihn schlichtweg nicht mehr für mich. Er war eine Illusion von einem angeblichen Sohn und ich war eine Illusion von einem angeblichem Vater.

Sicher, ich habe ihn gezeugt und er wurde geboren, Doch das war es auch schon. Alles andere sind Geschichten, sind Illusionen, die tot sind, die nichts mit dem JETZT zu tun haben, nichts mit dem wahrhaftigen Leben, dass nur JETZT erfahren werden kann.

Ebenso verhält es sich mit meinem vermeintlichen Vater und Freunden. Sie allesamt haben keinerlei Bedeutung mehr für mich. Es sind Existenzen mit ihren Geschichten, fertig. Doch keine davon berührt mich. Wäre dem so, so wäre es nur der Verstand, dem bekanntlich nicht zu trauen ist.

Doch jegliche Vorstellung darüber, wer sie sein könnten oder waren sind radikal ausgelöscht vom Leben selbst. Es waren ohnehin nur Illusionen über sie, also keinerlei Verlust.

Das ist, was Buddha meinte, als er sagte: Töte deine Eltern.

Ich weiß, du bist entsetzt. Wie kann er nur? Hat er denn keine Gefühle?

Ganz ehrliche, ich erlebe Gefühle, doch sie berühren mich nicht mehr. Sie sind temporär limitierte Erscheinungen, waren es schon immer. Und ich ignoriere alles, was mir der Verstand anbietet, um weiterhin den Sohn oder Vater zu spielen, den Freund oder sonst was.

All das bin und war ich nie.

Ich bin FREI, absolut FREI in allem.

Und das, mein Lieber, fühlt sich verdammt mehr als nur gut an.

Denn das ist das pure Leben in Wahrhaftigkeit, im JETZT.

Probiere es mal aus und du erkennts, dass keine Droge, kein extremer Sex oder sonst etwas, dir jemals solch ein Gefühl, solch eine Lebendigkeit bescheren könnten.

Erforsche s für dich und glaube bloß nicht meinen Worten.

DU musst es für DICH erfahren. Dann und nur dann ist es auch authentisch, für DICH!

Du brauchst nur einer einzigen Frage nachzugehen:

 WER bin ich?

* * *

22.05.2022

Verstand = Teufel

Unterschätze niemals den Verstand!

Er ist so ausgeklügelt, so raffiniert und so erfahren, dass du ihm niemals Paroli bieten kannst.

Entweder du glaubst ihm und so dann bist du verloren und in seinem Würgegriff.

Oder du ignorierst ihn, in dem Bewusstsein, dass er eh nur Bullshit produziert, um dich in seinen Bann zu halten.

Seine Verführungskünste übertreffen alles, was du dir jemals vorstellen kannst und du fällst immer wieder bereitwillig darauf herein, weil du denkst, dass du es bist.

Du wirst süchtig, du wirst begierig und du willst es, du willst sie haben, die Gedanken, von denen du denkst, es seien deine.

Ja, und genau das ist es, was der Verstand von dir will, dass du es tust, dass du denkst, es seien deine Gedanken, deine Begierden, dein Verlangen.

Widerstand erscheint als zwecklos und du gibst dich dem bereitwillig hin.

Tja, dann hast du schon verloren, bevor es begonnen hat.

Gehe aus dem Verstand ins Herz und verankere dich dort. Dann wirst du erleben, was es tatsächlich bedeutet, frei zu sein. Frei von Begierden, vom Verlangen, von der Gier.

Bist du bereit alles aufzugeben, alles loszulassen?

* * *

25.05.2022

Spontanität

Echte, wahrhaftige Spontanität besteht darin, sich in jeder Sekunde vom Leben überraschen zu lassen, was es mit dir macht.

Alles andere ist Bullshit vom Verstand und hat nicht das Geringste mit Spontanität zu tun.

So du dem Leben gewährst, dich zu führen, wirst du eine nie erlebte Spontanität erleben, wie sie dir der Verstand niemals geben könnte. Nicht einmal in seinen kühnsten Vorstellungen.

Das Leben selbst ist und bleibt das absolut einzige, was IST. Oder denkst du tatsächlich, diese Texte, diese Botschaften würden aus dem Verstand kommen? Weit gefehlt, sie kommen vom Leben selbst und fließen durch mich hindurch. Ich bin nur das Werkzeug. Das ist alles.

Das ist, was Leben in Wahrhaftig ist und du könntest es ebenso erfahren, wenn du nur wolltest, wenn du nur NEIN zum Verstand sagen würdest und JA zum Herzen.

Versuche es doch mal, du wirst überrascht sein, was das Leben dir zu bieten hat, wenn du nur vom Bullshit des Verstandes loslassen würdest!

* * *

## SEX

Solange du Sex mit dem Verstand praktizierst, wird es immer nur ein jämmerlicher Abklatsch dessen sein, was du wahrhaftig erfahren könntest.

Gib dich bedingungslos dem Leben hin und lass dich vom Leben führen, auch oder gerade beim Sex.

Vergiss alles, was dir der Verstand vorgibt. Er will dich an sich binden und gaukelt dir etwas vor, wie du ein toller Liebhaber, eine tolle Liebhaberin zu sein hast.

Alles Bullshit. Du arme Sau, weißt gar nicht, was Sex für ein Erlebnis sein kann, wenn du dich vom Leben selbst führen lässt.

Ich verspreche dir, es wird für dich und deine Partnerin/Partner, mehr als nur ein Flüssigkeitsaustausch sein. Ihr werdet wahrhaft göttlichen Sex erleben, wie es keine eurer Sehnsüchte, keine eurer Verlangen und Begierden es sich jemals hätten vorstellen können.

Du willst die beste sexuelle Erfahrung sein, die jemals eine Frau, ein Mann erlebt hat?

Dann lass dich vom Leben führen, ignoriere dein Verstand und lass dich vollends treiben in den Ozean der Liebe.

Du könntest Sex haben, wie du ihn noch nie erlebt hast. Du brauchst nur von dem Bullshit loslassen, den dir der Verstand vorgibt.

Lass die Gedanken zu, ändern daran kannst du nichts. Lass sie zu doch verfalle ihnen nicht. Bleib im Herzen und du bist der absolute Womanizer, die absolute Geliebte.

Du glaubst mir nicht?

Finde es heraus, erforsche dich, gib dich dem Leben hin, dass ohnehin mit dir tut, was es will.

* * *

01.06.2022

Du gehst auf Partys, ziehst dir Joints rein, hast multiplen Sex, macht Freeclimbing, Segeln oder sonst was. Und bei all dem schwingt immer der bitter süße Geschmack des Endes mit. Irgendwann ist alles vorbei, die beste Party, der geilste Sex, der beste Segeltörn, usw.

Und dann, ja, dann holt dich wieder die Leere ein, die du einfach nicht ausfüllen kannst.

Das könntest du ganz einfach ändern, indem du aus dem Verstand gehst und nicht mehr auf ihn hörst, dich nicht mehr zu seinem Sklaven machst. Denn ER ist es, der dir all die Sehnsüchte nach Party, Sex und Freiheit eintrichtert und du nimmst alles bereitwillig an, als sei es deins. Doch DAS bist du nicht, warst du nie.

Befrei dich vom Verstand, von seiner Macht über dich und du bist tatsächlich frei, in ALLEM.

Erforsche die Gedanken, WO sie herkommen und ob es tatsächlich deine sein können?

Sie kommen ungefragt in dein Bewusstsein und du hältst sie irrtümlicher Weise für deine, das ist deine Hölle, die du tag täglich erlebst. Du könntest dich daraus befreien? Willst DU?

* * *

Du sehnst dich nach dieser einen Liebe deines Lebens. Ich sage dir, es gibt sie nicht, dass ist alles nur konzeptionelle Liebe, die dir niemals die Erfüllung geben kann, nach der du dich sehnst. Du weißt es und trotzdem suchst und versuchst du es immer wieder, obwohl es jedes Mal zum Scheitern verurteilt ist. Das ist so, weil du dem Verstand mehr vertraust, als deinem Herzen.

Ich sage dir, wenn du ins Herz gehst, dort mit, im und aus ihm lebst, dann wirst du erfahren, was wahre liebe tatsächlich ist. Eine Liebe, die du bereits bist und nur erwecken musst. Dann wirst du dich nach keiner Konzeptliebe mehr sehen, weil du bereits Liebe bist, es immer warst und sein wirst.

Liebe ist. Doch wenn jemand sagt, er oder sie liebe dich, dann ist es der Verstand, der spricht und nicht das Herz, auch wenn es sich so anfühlen mag. Liebe ist. Nicht mehr und nicht weniger und DU bist das. DU BIST LIEBE.

Erforsche es für dich. Jetzt, es gibt keinem besseren Zeitpunkt. Tu es jetzt oder gar nicht.

* * *


Was immer du auch aus / mit dem Verstand tust, ist zum Scheitern verurteilt. Der Verstand will dich an sich binden, dich knebeln und die Macht über dich behalten.

Wie sehr du dich auch anstrengst, etwas erreichen zu wollen, das Leben lebt sich selbst, in absolut ALLEM. Da hat weder der Verstand etwas dagegen zu setzen, noch dein scheinbarerer Wille, der nur als Konzept existiert. Es gab nie einen freien Willen, nur die Unterscheidungsfähigkeit zwischen Verstand und dem Herz. Zwischen dem, was du tatsächlich bist und dem, was du nur glaubst zu sein.

Nutze sie um zu erkennen, dass du nicht der Verstand bist, es nie warst, sondern immer nur dein Herz, das Leben selbst, dass du bist.

Nutze sie, um zu erkennen, WER DU wahrhaftig BIST.

Du wirst wundersames erleben, wenn du es erforschst, für dich, für dein wahres Selbst.

Fange JETZT an damit, es gibt keinen besseren Zeitpunkt!

Wo hat dich dein Verstand bisher hingebracht?

Und, bist du zufrieden mit dem, was ist und wie es ist?

Du brauchst mir nicht zu antworten, ich weiß, dass du es nicht bist.

Dich plagen Sehnsüchte, Wünsche und Hoffnungen! Ja genau, so ist es und nicht anders!

Du denkst, irgendwann. Oh nein, mein Lieber, nicht irgendwann, sondern gar nicht.

Du erlebst das Leben durch den Verstand und das kann nur scheiße sein, denn der Verstand hat keinerlei Ahnung, was Leben tatsächlich ist. Doch dein Herz weiß es und ist es. Also, verlass den Verstand und geh ins Herz, verankere dich dort und du wirst das wahrhaftige Leben erleben, wie es ist, wie es sich für dich offenbart.

* * *

05.06.2022

Es gibt absolut nichts für dich zu tun.

Alles wird vom Leben selbst geregelt.

Egal, wie echt es sich für dich anfühlt, was immer der Verstand dir einreden will, es stimmt einfach nicht.

Du kannst es für dich selbst überprüfen, indem du mal abends einen Tag resümierst und genau schaust, was von all den Aktivitäten des Körpers, du selbst scheinbar bestimmt und in die Wege geleitet hast. Überprüfe es genau bitte und du wirst unweigerlich erkennen, dass das Leben selbst diesen, deinen Körper führt, in allem, was du tust oder nicht tust und in allem, was du sagst oder nicht sagst.

Du kannst dich vollkommen entspannen, in und bei allem. Überlass alles dem Leben und sei frei, sei einfach. Mehr ist nicht zu tun für dich.

* * *

Ich weiß. Du hast große Angst loszulassen. Das liegt daran, dass du dich für die scheinbare Person hältst, die du glaubst zu sein, die dich der Verstand glauben macht, sie zu sein.

Es fühlt sich alles so verdammt echt an für dich, dass du dir nicht im Geringsten vorstellen kannst, nicht mehr die Person zu sein. Diese Ungewissheit, was dann sein könnte und wie, lässt dir keine Ruhe. Mache nicht den Versuch, dir etwas vorzustellen, wozu der Verstand nicht in der Lage ist. Eines kann ich dir jedoch versprechen, du wirst eine Freiheit erleben, wie du sie noch nie erlebt hast. Du wirst frei von allem sein und sorglos, wie auch frei von Ängsten. Du musst nur loslassen von der Person, vom Verstand und es wird so sein. Jetzt, in diesem Augenblick ist es möglich für dich.

Was also könnte dich von der absoluten Freiheit noch abhalten, außer dem Bullshit, den dir der Verstand anbietet? Der Verstand bietet dir nur eine Illusion von Freiheit, ich verspreche dir die wirkliche Freiheit. Und? Was ist?

-

Schau, was du bisher alles unternommen hast, um einigermaßen mit dem Leben zurechtzukommen und um einigermaßen glücklich zu sein. Und? Hat es funktioniert? Du brauchst mir nicht zu antworten, ich weiß es auch so. Du leidest. Ja, du leidest in vielen Bereichen. Du leidest Mangel, dir fehlt ein Partner, du möchtest woanders leben und und und. Oh ja, ich kenne all deine Sehnsüchte und Wünsche. Und genau deshalb kann ich dir sagen, lass sie allesamt los. Sie taugen nichts und bringen dir nur noch mehr Leid. Du weißt das und machst trotzdem weiter.

Hoffnung! Ja, die scheiß Hoffnung, lass sie zuerst sterben. Sie ist nichts weiter als eine Illusion, die dir der Verstand anbietet, um dich an ihn zu binden und du Trottel fällst darauf rein. Shit Happens könnte man sagen, doch dem ist nicht so. Einzig dein Vertrauen in den Verstand lässt dich weiter unglücklich sein, dich weiterhin leiden und deinen Sehnsüchten nachhängen, obwohl du frei sein könntest, frei von ALLEM!

Und selbst jetzt kannst du es nicht lassen, dir vorzustellen, wie sich diese Freiheit anfühlen könnte! Stimmt es oder habe ich recht?

Siehst du, ich kenne dich genau, ich weiß alles über dich und deine Geschichten, dein Leben. Das alles war und ist nur eine Illusion vom Leben, du hast in Wahrheit noch nie wirklich gelebt, sondern nur existiert und gegen das Leben, was ist, angekämpft, um deine Vorstellungen, wie Leben für dich sein sollte, durchzusetzen. Natürlich vergeblich, denn gegen das Leben selbst kommt niemand an, auch du nicht, bzw. der Verstand.

Einzig in der Befreiung vom Verstand, vom Ego-Mind, liegt die Chance auf ein Leben in Freiheit, ohne Sorgen und ohne Ängste.

Worauf wartest du noch? Es wird kein Finger Gottes aus dem Himmel erscheinen, der sich dir in den Arsch bohrt, um dich zu befreien, nein, den Schlüssel dazu hältst du selbst in der Hand. Du hattest ihn schon seit deiner Geburt. Nutze ihn und sei FREI.

* * *

Das Problem ist nicht, dass du dir ein Leben in völliger Sorglosigkeit nicht vorstellen kannst. Dein einziges Problem besteht darin, dass du dem Verstand mehr vertraust als deinem Herzen. Dein Herz will und kann dich in die Freiheit führen. Doch solange du auf deinen Verstand hörst und ihm glaubst, wirst du ein Sklave von ihm bleiben.

Also, willst du FREI sein, oder ein Leben als Sklave erleben?

Dann verlass den Verstand, augenblicklich und du wirst frei sein.

Verankere dich im Herzen, lebe in, mit und aus ihm und du erfährst die Fülle des Lebens leibhaftig. Ja, geliebter Mensch, der du zu sein scheinst, es kann für dich wahr werden. Freiheit, Frieden und Liebe könnten deine ständigen Begleiter sein, wenn du es nur wirklich wolltest.

Lass los, von absolut ALLEM und es wird so sein für DICH!

Vertrau mir, vertrau dem Leben, vertrau dir selbst, der du das Leben selbst bist, es schon immer warst und sein wirst.

* * *

06.06.2022

Ich kenne all deine Sehnsüchte, all deine Wünsche und Hoffnungen an das Leben, die du hegst und pflegst. Ich kenne deinen Schmerz, den du erleidest, weil du einsam bist, weil du krank bist, weil du eingeschränkt bist, weil du dich ungeliebt fühlst, weil du dich nach einer erfüllenden und beglückenden Partnerschaft sehnst und so vieles mehr.

Ja, meine Liebe, meine Lieber, ich kenne dich in und auswendig, denn ich habe all das ebenso erlebt und ebenso die Ängste und Sorgen, die Hoffnungen auf Besserung gehegt. Und was ist geschehen? Nichts, dass (m)ein Leben hätte lebenswerter machen können. Immer wieder derselbe Trott, dieselben Menschen, dieselben Sorgen und Befürchtungen, immer wieder diese scheiß Ängste und dieser Mangel an Selbstbewusstsein. Ja, meine Liebe, meine Lieber, das Leben scheint ungerecht mit dir zu sein, weil es dich im Stich lässt, so scheint es jedenfalls.

Du bist am Verzweifeln, weißt nicht ein noch aus und betäubst dich mit Alkohol, mit Drogen, mit Sex und anderem. Ich kenne das zur Genüge, habe ich es doch selbst so praktiziert, wobei ich nie über einen Joint hinausgegangen bin. Alles andere war mir selbst zu gefährlich, ich hatte regelrecht Angst, den harten Drogen zu verfallen und in Abhängigkeit zu verfallen. Ergo hat mir immer ein Joint (Grass oder Dop) am späten Abend gereicht, um mich aus meiner Traurigkeit einige Stunden zu entreißen. Geholfen hat es nie, doch es war erträglicher.

Du siehst, ich kenne dich, ich kenne deine Sorgen und Ängste und auch deine Hoffnungen.

Meine Liebe, meine Lieber, du hattest nie eine Chance, irgendetwas an dem, was war zu ändern. Es sollte so sein, denn das Leben lebt sich selbst, ohne dich um Erlaubnis zu fragen. Du bist und warst niemals ein Opfer, bitte glaube mir das. Du warst und bist immer nur ein Ausdruck des Lebens selbst gewesen und das wirst du auch immer sein. Das Leben selbst führt dich durch allem, was ist und sein wird, vertrau darauf.

Deine einzige Möglichkeit, jemals mit allem, was ist, in Frieden zu sein ist, dich als das zu erkennen, was du wahrhaftig bist. Denn DU bist nichts Geringeres als das Leben selbst, als das Absolute, das ist. Du hast dich verloren, indem du dem Verstand vertraut hast und dich als eine kleine begrenzte Person erlebst, die du einfach nicht bist. DU bist absolut ALLES, was IST. Vertrau nicht weiter dem Verstand, der dich klein halten will und dich leiden lassen will, auf das du ihm gehörig bist und dich ihm unterwirfst. Das hast du schon zulange getan, befrei dich. Erforsche dein wahres Selbst und du wirst augenblicklich frei sein, in ALLEM.

* * *

Es ist völlig egal, wie auch immer du deine Einsamkeit, deine Traurigkeit, deine unerfüllten Sehnsüchte, deine Sorgen oder Ängste betäubst. Nichts davon wird dich jemals davon befreien. Am nächsten Morgen, wenn du den neuen Tag beginnst, werden sie alle immer noch da sein und dich traktieren, dich durch den Tag begleiten und dir ein mehr oder weniger scheiß Dasein bescheren. Und du, du armer Tropf, kannst nichts dagegen machen. Du fühlst dich so hilflos, so ungeliebt und so gestraft. Du fragst dich, womit du das verdient hast, warum dir diese Scheiße passiert. Du willst doch nichts anderes, als einfach ein glückliches Leben führen. Du möchtest geliebt werden für das, was und wie du bist. Das ist deine größte Sehnsucht, ich weiß. Und was auch immer du dafür tust, damit es so sei, es ist zum Scheitern verurteilt. Also lass alle Bemühungen sein, und gib dich einfach dem Leben hin, wie es ist und wie es sich für dich zeigt. Lass ab von Wünschen und Hoffnungen, die dir der Verstand eintrichtert. Es wird nie zu etwas Gutem führen. Du wirst letztendlich immer nur leiden. Du weißt es bereits und machts trotzdem immer weiter. Was für ein Drama in deinem Leben, in deinem Erleben.

Das müsste nicht so sein. Nein, du könntest ab sofort ein glückliches Leben führen, frei von Sehnsüchten und Hoffnungen, frei von Sorgen und Ängsten.

Alles, was du dafür tun müsstest ist, dich selbst zu erforschen, dich selbst zu erkennen, als das, was du bereits bist und schon immer warst. Erkenne dich als das Leben selbst, dass du bist und schon immer warst und du wirst frei sein, in absolut ALLEM. Was könnte größer sein, als die Erkenntnis und Gewissheit, dass du das ICH BIN bist?

* * *

07.06.2022

Wonach sehnst du dich? Du willst geliebt werden, du willst angenommen werden und du willst respektiert werden. Ja, das sind die stereotypischen Wünsche eines Menschen. Doch DU bist viel mehr als nur ein Mensch. DU bist das Leben selbst, das ist. DU begrenzt dich auf ein menschliches Dasein, obwohl du immer bist, immer warst und immer sein wirst. Nur die Begrenzung auf ein menschliches Dasein, dass zudem temporär begrenz ist, reduziert dich auf eine Existenz, die du einfach nicht bist. Du denkst und glaubst dem Verstand, der dir einredet, du hättest dieses eine Leben, indem du alles erreichen müsstest, was für dich möglich ist. Wie traurig, wie erbärmlich, wo DU doch das Leben selbst bist, was ist. Der Verstand hält dich in seinem Griff und du bist sein bereitwilliger Sklave, der auf alles hört, was ihm der Verstand sagt. Wohin hat es dich gebracht?

Es hat dich leiden lassen, es hat dich trauern lassen, es hat dich verzweifeln lassen und es hat dich sogar in den Gedanken an einen Suizid treiben lassen. Ist es das, was du dir wünscht zu sein?

Sicher nicht. Ich weiß, du bist hilflos, du bist einsam und endlos traurig. Du möchtest in den Nachthimmel schreien und einen Funken Hoffnung für dich ergattern. Dein Schrei kann nicht laut genug sein, um deinen Schmerz auszudrücken und doch verhallt er in der Stille der Nacht.

Wenn du doch nur in dein Herz gehen würdest und zu dem Verstand NEIN sagen würdest, zu allem, was er dir anbietet. Ja dann, dann würdest du frei sein. Keine Sehnsüchte, keinen Schmerz, kein Leiden, nichts von alledem, alles wäre wie weggeweht.

Dein Herz wartet darauf, dass du zu ihm kommst, in, mit und aus ihm lebst. Dann wären alle Lasten von dir genommen, alles Leid wäre aufgelöst und du würdest Leben, wie du es noch nie erlebt hast.

WAS, was bitte ist so schwer daran, in, mit und aus dem Herzen zu leben?

Sag es mir. Sag es mir jetzt!


In LIEBE, die IST.

Thomas Stern.

Tom.


* * *

## 9. Bisher erschienen:

Thomas Stern

# Das Buch vom bewussten Leben

Reise zum Potential des Selbst - Teil 1

Das Buch vom bewussten Leben

Reise zum Potential des Selbst - Teil 1

Paperback - 200 Seiten

ISBN-13: 9783735742476 - Verlag: Books on Demand

Erscheinungsdatum: 19.06.2014 - Sprache: Deutsch

Taschenbuch 17,90 € / E-Book 8,99 €

Gedanken und Erkenntnisse

Reise zum Potenzial des Selbst – Teil II

Paperback - 300 Seiten

ISBN-13: 9783741239328 - Verlag: Books on Demand

Erscheinungsdatum: 12.12.2016 - Sprache: Deutsch

Taschenbuch 9,90 € / E-Book 4,99 €

## 10. Websites & Sozial Media 2022

Thomas Stern, offizielle Websites:

www.thomas-stern.de

www.thomas-stern.net

www.thomas-stern-autor.de

**Sozial Media 2021+**

https://www.**facebook**.com/thomassternphilospheraandauthor/

**Advaita – Fragen und Antworten/Questions and Answers mit tom. (Thomas Stern):**

https://www.**facebook.com/groups**/1006344493329582

https://www.**instagram**.com/thomassternphilosopherauthor/

https://www.**pinterest**.de/thomassternphilosopherauthor/

https://www.**reddit**.com/user/thomassternadvaita

https://www.**tumblr**.com/blog/thomassternphilosopherandauthor

https://**twitter**.com/SternAutor